우리는 나란히

계절을 쓰고

일러두기
· 이 책에 인용된 작품 중 대부분은 저작권 사용 허락을 받았습니다. 사용 허락을 받지 못한 일부 작품은 저작권자를 확인하는 대로 허가 절차를 밟겠습니다.
· 이 책은 국립국어원 '표준국어대사전' 표기법을 따랐으나 저자 고유의 글맛을 살리기 위해 다르게 표현한 부분이 일부 있습니다.

우리는 나란히
계절을 쓰고

두 자연 생활자의 교환 편지

김미리 × 귀찮

밝은세상

차례

프롤로그_ 귀찮
두 사람 10

여름 편지
조급함 없는 마음 16

가을 편지
우리 계절의 기쁨과 슬픔 78

겨울 편지
도시 밖, 회사 밖에서 살아간다는 건 144

봄 편지
모두가 안녕하길 바라며 228

다시, 여름
우리가 엮는 매듭 284

에필로그_ 김미리
편지 쓰는 마음으로 308

우리는 이런 '집'에서 계절을 따라
매달 서로의 안부를 물었습니다.

수풀집
―――
충남 금산에 자리한 김미리 작가의 시골집.
수풀이 무성했던 집을 처음 보고 '수풀집'이라
이름 붙였다.

번아웃에 시달리다 숨구멍을 찾듯 시골로 왔다.
일주일에 닷새는 도시에서 이틀은 시골에서 생활한다.
자연을 곁에 두고 스스로를 돌보게 하는 이곳이,
따뜻한 집이자 익숙한 여행지가 되었다.

그리고다

경북 문경에 자리한 귀찮 작가의 집업실.

일상과 일을 함께하는 공간을 의미해 '집업실'이라 부른다.

2017년 겨울, 회사원의 삶을 정리하고 이듬해

시골 생활을 시작했다.

일 년 대부분을 시골에서 머물며 그리고 쓴다.

해를 거듭할수록 단단한 믿음이 생긴 이곳이,

마음의 안식처가 되었다.

당신은 지금 어느 계절을 지나고 있나요?

이 편지를 읽게 될 당신의 안부가 궁금합니다.

프롤로그 두 사람

여기 두 사람이 있습니다

각자 서로 다른 시골마을에 터를 잡고

일주일의 5일은 도시에,
2일은 시골에 머무는

한달에 한 두번만 빼면
일년 내내 시골에 머무는

덩치도 고양이
소양이와 함께 살고

앙칼진 말티즈
마루와 함께 사는

최근 회사를 그만두고
이제 막 홀로서기를 시작한

어느덧 10년차 프리랜서인

언제 무엇을 심고
수확할지 고민하는 J와

언제나 때를 놓치는 P가

월에 한 번
서로에게 편지를 쓰기로 했습니다

우리는 궁금했거든요
다른 듯 해도 스스로 온전히 서기위해
고군분투하며 불안에 떨고

결국 자연으로 돌아와 안정을 찾는다는
공통을 가진 두 사람이

이맘때 우리는 어떤 일을 하며
어떤 고민을 하고
어떤 꿈을 꾸는지

지금의 우리가 어느 계절을
지나고 있는지 말이죠

이 편지를 함께
받아보고 싶다면
페이지를 넘겨주세요

여름 편지

조급함 없는 마음

편지의 꼭대기엔 받는 이의 이름을 적어야 하지요. 하얀 화면을 바라보며 '귀찮 작가님께'라고 적었다 지웠습니다. '윤수 작가님께'라고 적었다가도 지웠습니다. 웃으실지 모르지만 실은 그 앞에 '애정하는' '좋아하는'이란 말을 순서대로 붙였다 떼기도 했습니다. 편지를 주고받는 이 프로젝트가 쉽지 않을 거라 예상했지만, 수신자명을 정하는 게 이렇게 어려울 줄은 몰랐습니다.

평상시 제가 주로 쓰는 편지, 그러니까 업무 메일과는 다르기 때문이겠지요. 업무 메일은 받는 사람 칸에 들어갈 문자들이 이미 정해져 있잖아요. 몇 개의 알파벳과 숫자의 조합, @, 그리고 블라블라 닷컴. 손쉽게 첫 줄을 적어 넣고 단도직입적인 제목을 붙이곤 합니다. 열지 않아도 내용을 예측할 수 있도록요.

'안녕하세요, 어떤 직급의 누구 님. 어디 어디의 김미리입니다'라고 시작하는 것이 제 오랜 편지 습관입니다. 이렇게 시작부터 고민하는 편지는 참 오랜만입니다.

한참을 첫 줄에서 머무르다 마침내 윤수에게, 라고 적었습니다. 귀찮 작가님, 윤수님, 윤수 씨가 아니라 윤수. 직급이나 하는 일 말고 이름으로 시작하는 편지라니, 펜팔을 시작한 기분입니다. 펜팔의 매력은 딱히 용건이 없다는 것입니다.

김미리

서로에 대해 아는 것은 이름과 나이, 취미, 좋아하는 색깔 등뿐이지만 매번 할 이야기와 듣고 싶은 이야기가 잔뜩 생긴다는 점도 미덕입니다. 물론 저는 작가님의 정확한 나이도, 요즘의 취미도 아직 모르지만요. 대신 다른 몇 가지를 알고 있습니다.

그림 그리고 글 쓰는 사람이라는 것. 필명은 '귀찮'이지만 그리고 쓰는 일을 귀찮아하는 법이 없다는 것. 문경의 시골 마을에서 소박한 텃밭을 돌보며 사랑스러운 멍멍이 '마루'와 함께 지낸다는 것. 고추장찌개 천재라(고 생각한다)는 것. 이 외에도 더 있지만 오늘은 여기까지만 하겠습니다. 작가님이 제 '귀찮력'에 놀라실 수도 있으니까요.

저는 작가님의 창작물을 애정하는 독자입니다. '못해못해병'을 한참 앓고 있던 몇 년 전, 작가님 그림이 보내는 응원을 잔뜩 받았어요. 해내야 할 일은 태산인데 불현듯 무기력해지거나 느닷없이 화가 나는 상태. 저는 그 상태를 못해못해병이라고 부릅니다. 보통은 (소리치며) '아, 못해! 못한다니까!' 시기와, (한숨 쉬며) '틀렸어… 난 못해…' 시기가 교차로 찾아옵니다. 그때 작가님 그림을 핸드폰 배경 화면으로 설정해 놨어요. 그리고 '못해' 소리가 나올 때마다 꺼내 봤죠. "나 졸라 짱이고둔?"이라고 쓰여 있는 그 그림이요.

쓰다보니 '작가님, 좋아해요'라는 고백의 글로 흘러가고 있는 것 같습니다만, 그 이유만으로 이 편지를 쓰는 것은 아닙니다. 작가님의 창작물이 너무 좋다는, 잘 보고 있다는 편지는 언제든 일방적으로 부칠 수 있으니까요.

 제가 이 편지를 쓰는 이유는 궁금증 때문입니다. 주말이면 충남 금산의 시골 마을로 향하는 사람이, 경북 문경의 산 아래 집에 사는 사람에게 갖는 궁금증이랄까요. 주말 시골살이를 시작한 후, 저는 매 계절의 경계를 종종거리며 계절을 마중하고 또 배웅합니다. 계절이 바뀔 때마다 자연이 하는 크고 작은 일에 감탄하며 무언갈 기록하고요. 자주 봤지만 이름을 몰랐던 식물의 이름을 외우려 애쓰고, 마당과 뒷산을 오가는 동물들의 얼굴을 익히기도 합니다. 아름다운 풍경을 곁에 두고 사는 행복을 누리다가, 어느 날 마을 한구석에서 한없이 무력해지는 장면을 목격하기도 합니다. 줄곧 도시에서 살 때와는 다르게 무언가 태어나고, 자라나고, 사라지는 일을 지켜보게 됩니다. 이 모든 것이 제 기쁨이자 슬픔입니다.

 작가님의 기쁨과 슬픔 또한 궁금합니다. 고개가 절로 끄덕여지는 익숙한 이야기를 간솔하게 나누고픈 마음, 또 다른 생각을 전해주실 거란 기대를 담아 이 편지를 쓰고 있어요. 작가님은 그곳에서 무엇을 보고, 듣고, 먹고, 생각하고, 느끼시나요?

(김미리)

그곳의 행복과 고충은 무엇인가요? 작가님 또한 제가 머무는 이곳의 이야기가 궁금하지 않으신가요?

    동시에 이제 막 프리랜서의 세계에 진입한 이가, 선배 프리랜서에게 갖는 궁금증이기도 합니다. 멀리 시골에서 프리랜서로 살아가는 날들은 어떠신가요? '시골'이라는 공간과 '프리랜서'라는 일의 형태가 합쳐진 일상은 어떤 모습인가요?

    많은 질문을 던져두고 답장을 청해봅니다. 단번에 답하시기엔 꽤 많은 질문들이니, 앞으로 사계절이 지나는 동안 천천히 답해주세요.

    작가님과 제가 처음 만난 곳은 어느 독립출판페어입니다. 작가님이 참여하신다는 소식을 듣고 휴가를 내고 찾아갔지요. 빨간 맨투맨을 입은 작가님이 저를 맞아 주셨습니다. 아주 오랜만에 만나는 반가운 사람처럼요. 직접 만든 엽서를 가지고 구연동화도 들려주셨는데요. 그 영상은 제 핸드폰 속에 간직되어 있습니다. 그다음 만남은 이 프로젝트를 논의하는 미팅이었는데, 그날 작가님이 하신 이야기가 떠오릅니다. 어떤 면에서는 직장인이 부럽다는 이야기를 하셨지요. 저도 속으로 '저도요, 저도 프리랜서가 부러워요'라고 생각하고 있었습니다. 그리고 몇 달 후, 정말 프리랜서가 되어 이 편지를 쓰고 있네요.

정해진 회사로 주 5일 이상 출근하는 삶을 멈추어보기로 했어요. 오늘 하루, 과연 몇 시간을 나를 위해 쓸 수 있을지 모르는 삶. 일주일은 7일인데, 회사가 5일을 갖고 나는 2일만 가지는 것을 늘 당연하게 여겼던 삶. 회사와 팀을 위해 주/월/분기/연 계획을 짜지만 나를 위한 계획은 부재한 삶을요. 대신 보다 자유로운 형태로 일하며 살아보려고 합니다. 프로젝트의 성격에 따라 하나 또는 여러 개의 회사에 소속되어 일하기도 하고, 때로는 개인으로 일하기도 하면서요. 덕분에 이렇게 마음 편히 편지 쓸 시간이 생겼네요.

결정이 쉽지는 않았습니다. 여러 이유가 저를 주저앉혔지만, 결국 저를 끓리곤 했던 것은 경제적인 문제, 바로 '돈'이었어요. 스스로 생계를 유지하는 일은 세상 어떤 일보다 중한 일이니까요. 안정적인 직장을 그만둔다는 것은 지난 13년간 매달 통장에 들어오던 월급이 사라진다는 뜻이지요. 그게 무서웠어요. 세상에는 돈보다 중요한 게 아주 많은데, 필요할 때 필요한 만큼 돈이 없으면 진짜 중요한 것보다 돈 생각을 더 많이, 더 자주 하게 된다는 걸 알고 있기 때문에요. 시간의 주인이 될 것인가, 든든한 통장을 가질 것인가. 지난한 고민 끝에 저는 시간을 선택했습니다.

퇴사 후, 한 달이 빠르게 지나갔습니다(feat. 불안). 이 선택을 하면서 시간을 많이 벌고 월급을 잃었다고 생각했습니다만, 결과는 놀랍습니다. 저는 여전히 시간이 없다는 말을 입에 달고 삽니다. 전혀 안 프리한 프리랜서가 된 것이죠. 어째서일까요? 저는 시간도, 월급도 잃은 것일까요? 프리랜서 선배인 작가님께 묻지 않을 수 없는 질문이지만, 질문을 하는 새에 그 이유를 알게 된 것 같습니다. 성인이 된 후, 제게 주어진 하루를 오롯이 소유한 적이 별로 없기 때문이겠지요. 당분간 계속해서 시행착오를 겪으며 선배님의 지혜와 도움을 구하게 될 것 같습니다.

지난 3월에는 예정에 없던 완두콩을 심으며 텃밭의 봄 농사를 시작했습니다. 이웃 어르신이 완두콩을 한 주먹 쥐어 주고 가셨거든요. 손가락으로 작은 홈을 내고, 그 속에 완두콩을 두어 개씩 넣기만 하면 된다며 시범도 보여주고 가셨어요. 어르신이 일러주신 대로 흙 속에 쪼글쪼글한 완두콩을 두어 개 넣었습니다. 포슬포슬한 흙을 덮으면서는 의심의 눈초리를 보냈습니다. 꽃은커녕 싹도 틔우지 못할 것 같이 말라비틀어진 모양새였거든요. 그래도 일단 믿어보기로 했습니다. 농사는 그저 믿고 기다리는 일이니까요.

마침내 통통한 꼬투리의 완두콩을 수확했다는 소식을 전합니다. 의심했던 저 보란 듯 동글동글 차오른 완두콩을 자랑하지 않을 수 없겠습니다. 봄에서 초여름으로 건너오는 동안 쪼글쪼글하던 완두가 싹을 틔우고, 잎을 내고, 꽃을 피우고, 꼬투리 달고, 통통하게 여물었습니다. 지난 계절을 성실하게 보낸 완두를 대견해하며 그 계절 속 작가님과 저를 떠올려 봅니다.

    작가님과 마지막으로 만난 것은 5월입니다. 정확히는 5월 23일입니다. 시간 되면 차 한잔하자는 작가님의 문자를 받고 반가운 마음으로 달려 나갔는데요. 멀리 문경에서 서울까지, 다른 미팅이 있어서가 아니라 저를 보러(강조) 서울에 오셨단 사실을 알고 감격했던 날이지요. 한낮에 만난 우리는 달이 밝은 밤, 막차 시간이 되어서야 헤어졌습니다. 맥줏집에서 나오니 초승달이 밝게 빛나고 있었어요. 혹시 그 옆에 반짝이던 별을 기억하시나요?
    집에 와 찾아보니 그것은 금성이었습니다. 지구에서 관측할 수 있는 천체 중 태양과 달을 제외하면 가장 밝은 행성이 금성이라지요. 그 행성이 달과 근접해 나란히 뜬 모습을 함께 본 것입니다. 초승달과 금성이 이렇게 가까워지는 것은 살면서 쉽게 보기 힘든, 귀한 장면이라고 해요. 작가님과 저 또한 고유한 이름을 가진 행성이니, 이렇게 우리가 만나고 서로를 향해 편지를 부치는 것 또한 일생에 몇 번 없을 귀한 일이라는 생각을 합니다.

(김미리)

방금 저는 첫 줄 쓰기에 이어 또 다른 어려움에 봉착했습니다. 편지를 마무리하고 정말 보내야 할 시점이 다가오니 드는 걱정입니다. 이 편지는 제가 작가님께 보내는 사적인 편지이기도 하지만, 결국은 한 권의 책이 될 공적인 글쓰기이기도 하다는 사실이 새삼 떠오릅니다. 결국 누군가 열어보게 될 것이 확실한 교환 일기장을 굳이 몰래 숨어 쓰는 기분이랄까요. 책이 될 편지에 이렇게 괄호와 구어체를 남발해도 되는가도 걱정입니다.

그렇지만 그런 걱정은 접어두고 일단 '보내기'를 눌러보려 합니다. 지금 이 편지의 수신인은 단 한 사람 '윤수'이고, 편지란 받는 이의 마음에서 완성되는 글이라고 생각하니까요.

6월
완두콩 농부 김미리 드림

추신1. 이렇게 긴 편지를 부치는 것은 생애 처음입니다. 그렇다고 이렇게 긴 답장을 보내달라는 이야기는 절대 아닙니다.

추신2. 작가님의 이름자는 윤택할 '윤'과 물가 '수'더군요. 반짝이는 물의 가장자리라는 뜻일까요. 저는 아름다울 '미'와 배나무 '리'를 씁니다. 반짝이는 물가와 아름다운 배나무라니… 아름다운 풍경 아닙니까! 저는 이 또한 운명처럼 느끼는 운명론자입니다.

김미리

편지를 받고, 한참 고민했어요. 마침내 이 편지의 꼭대기가 '미리 작가님께'가 된 이유는 '작가'라는 말을 붙이고 싶었기 때문이에요.

이 프로젝트의 발단이었던 1월의 어느 날, 제게 디엠을 보내셨지요? 함께 책을 써보지 않겠냐고요. 그때 전 비자림을 걷고 있었는데요. 작가님의 메시지를 보고 2분 정도 고민하다 바로 하겠다고 답했어요. 그때 덥석 하겠다고 한 건, 이 일 자체가 제게 남는 장사였기 때문이에요.

작가님의 첫 책 《금요일엔 시골집으로 퇴근합니다》를 읽고 미리님이 '끊임없이 자연과 주변을 발견해내는 사람'이라 생각했어요. 저는 너무나 익숙해져 완전히 잊고 있던 풍경과 감정들, 이를테면 편지에서 써주신 완두콩 이야기처럼 당연하게 여겨온 것들에 대해 작가님은 글과 사진으로 남기시더라고요.

주중엔 서울에, 주말엔 시골에서 머무는 분이라 그 반짝임을 생경하게 마주할 수 있는 걸까요? 그렇다 해도 그 일을 몇 년째 반복하다보면 익숙해질 법도 한데 늘 새롭게 마주하는 작가님의 시선이 제게 말해주는 것 같았어요. "익숙하고 지겹다고 생각했던 네 주변에 사실은 이렇게 좋은 게 많아" "심지어 넌 그걸 매일 누리고 있어"라고요. 그래서 미리 작가님이라고 쓰기로 했어요. 고루한 일상 속에서 사소한 반짝임을 발견하고 그것을 자신의 언어로 부지런히 쓰는 일, 작가가 하는 일이잖아요.

사석에서 만났을 때 제게 책을 쓰는 게 꿈이었고 앞으로도 꿈일 것이라고 말하셨지요. 분명 힘들지만 그래도 계속 쓰고 싶다고요. 사실 그때 조금 뜨끔했어요. 저는 그런 의지를 가져본 적이 없거든요. 얼떨결에 첫 책을 출간하고 생각했었어요. '이 짓거리 다신 못 한다.'

이후 4년의 공백을 두고서야 다시 책을 쓸 용기가 났지만, 그마저도 장문은 엄두가 나질 않아 두 번째 책은 잘하든 못하든 매일 한 컷의 그림과 한 줄의 글만 쓰자는 마음으로 썼습니다. 그렇게 두 권의 책을 쓴 지금도 책 내는 일이 내키진 않아요. 머릿속에 구름처럼 동동 떠다니는 퍼즐 조각 같은 생각을 글로 붙이는 일, 그걸 다시 찢고 버리고 줍고 펴는 일, 책이 나오고 어쩌면 내 책의 독자가 되어줄 수 있는 사람들을 유혹하는 일. 결코 쉽지 않은 과정이잖아요. 그 고단하고 외로운 길을 무수히 반복할 마음이 있는 사람의 글을 달에 한 번씩 마주하면, 제가 그의 반이라도 닮아갈 수 있을 것 같아서 이 책을 시작하기로 마음먹었어요.

이렇게 쓰고 나니 이 책의 시작이 철저한 계산이었음을

고백하는 것 같아 부끄럽고 걱정되지만, 거짓으로는 몇 줄 쓸 수 없을 것이기에 아주 솔직해져 봅니다. 맞아요. 저는 이렇게 계산적이었습니다. 구부러진 쑥도 삼밭에서 나면 곧게 자란다는 마중지붕처럼, 부지런히 자연을 발견하는 작가님과 가까이한다면 저도 제 주변의 좋은 것들을 발견하고 부지런히 쓰는 사람이 되겠지 하면서 함께하려 했어요. 그러고 보니 벌써 이렇게 장문의 편지글을 썼네요?

편지를 준비하며 알게 된 작가님은 제가 예상한 것보다 더 알토란 같은 사람이었어요. 알토란은 저희 엄마가 마음에 꼭 드는 걸 봤을 때만 쓰는 표현인데요. 엄마가 "알토란 같이 해놨다"라고 말하는 건 모양이나 차림이 아주 다부지고 야무져서 두 번 손 갈 일 없게 만들었단 뜻이에요. 매사에 설렁설렁하고 머물던 자리마다 머문 티가 나는 저로선 좀처럼 듣기 힘든 말이죠.

그 알토란이란 표현이 작가님에겐 아주 잘 어울린다고 생각해요. '수풀집'의 정돈된 텃밭을 보면서 수없이 생각했거든요.

'정말 알토란 같이 해놓으셨네.'

작가님은 분명 "사진처럼 깔끔하지 않아요!"라고 말하실 테지요. 하지만 작가님께서 매주 독자들에게 보내는 소식지인 '퇴사원 주간 보고' 속 풍경은 제가 2018년부터 시골에 살면서 단 한순간도 만들어 내지 못한 단정한 텃밭이었어요. 작가님이 얼마나 알토란 같이 밭을 가꾸고 일구는 사람인지 짐작할 수 있었지요.

작가님 혹시 잡초를 뽑을 때 호미를 들고 잡초 뿌리까지 캐시진 않나요? 가끔 줄기나 이파리보다 뿌리가 훨씬 더 긴 잡초를 발견하면 끝까지 찾아가 "아휴 이거는 뿌리가 왜 이렇게 길어"하면서 끄트머리까지 야무지게 뽑아내시고요? 그렇게 모자 쓴 이마에 땀이 송골송골할 때까지 쪼그려서 밭을 정리하시지요?

다 그렇게 하는 거 아니냐고 물으신다면, 아뇨. 놀라지 마세요. 여기 잡초 뽑기에 이토록 성의 없는 사람도 있습니다. 저는 호미도 필요 없어요. 그냥 보일 때마다 쥐어뜯듯이 뽑고요. 운 좋게 뿌리째 뽑히면 고맙지만 줄기에서 뜯겨도 그만이에요. 오늘 안에 다 뽑아야지! 하는 의지도 없이 서너 개 뽑다가 동생한테 "그렇게 뽑을 거면 그냥 뽑지 마"라고 한 소리 듣고선 감사한 마음으로 포기하는 한없이 뻔뻔하고 게으른 존재지요.

덕분에 이런 방임형 텃밭에서도 척척 잘 크는 작물을 가까이하게 되었어요. 토마토, 오이, 고추, 파, 상추, 가지. 매년 저의 집업실 '그리고다'에 빠지지 않고 등장하는 야채들이죠. 섬세한 관심 없이는 키우기 힘든 까다로운 작물들, 가령 돌 없이 깊고 성글한 흙밭에서 자라야 하는 당근이나 생강 같은 작물은 그리고다의 방임형 텃밭을 견디지 못하더라고요.

이런 제게 작가님의 완두가 왔다면 높은 확률로 창고에 두었다가 깜빡한 뒤, 한참 뒤에야 심었을 거예요. 때를 놓치면 발아율이 현저히 떨어져 싹을 틔우기도 힘들겠지만, 틔운다 해도 무관심한 텃밭 주인이 간간히 주는 물에 비해 햇빛이 너무 뜨거워 말라죽거나 제대로 자라지도 못했을 테죠. 그렇기에 작가님이 쪼글쪼글한 완두를 통통한 과실로 키워내는 데 얼마나 섬세한 보살핌과 부지런한 관심이 있었을지 잘 알고 있어요. 조그만 작물에게 준 다정함이 이렇게 귀여운 연둣빛 자태로 돌아오니 저도 덩달아 자랑스럽고 대견한 마음이 듭니다.

정말 인정하셔야 할 것 같아요. 본인이 알토란같은 사람이란 걸. 하필 제 필명이 '귀찮'이고 작가님의 필명이자 이름이 '미리'인 것이 너무나 적절하다고 느껴집니다(역시 운명인가요!).

한심한 이야기만 줄줄 써 내려가니 작가님이 저에게 실망하실까 싶어 멋지고 좋은 이야기도 적어야겠다는 생각이 들어요. 하지만 어쩌죠? 아무리 생각해도 떠오르질 않습니다. 작가나 프리랜서 선배라는 호칭 앞에서 떳떳하기엔 주어진 대로 흘러가는 삶을 사는 쪽에 가까웠으니까요. 프리랜서 창작자로서 긴 시간 버텨온 제가 이런 말을 하는 게 의아하실 수도 있지만, 정말이에요.

  퇴사 후, 서울의 삶을 정리하고 시골에서 프리랜서로 사는 삶. 겉으로 보면 큰 의지나 뚜렷한 목표가 있었던 것 같지만 사실 그 선택엔 그럴 수밖에 없는 사정과 여건 있었어요. 프리랜서로 일하고 싶었고, 서울의 월세를 감당할 자신은 없었고, 문경에 엄마가 사둔 시골집이 있었죠. 철저히 주어진 선택지 안에서 결정한 거예요. 반면 작가님의 선택은 저보다 훨씬 주체적이에요. 혈연, 지연, 학연 그 어느 연도 없는 금산에 터를 잡고 스러져가는 시골집을 번듯하게 고쳐내셨잖아요. 그 과정에서 얼마나 숱한 고민과 무거운 책임감이 있었을지를 떠올리면, 작가님은 이미 프리랜서의 삶에 있어서도 충분한 경험을 해오셨을 거라 생각해요. 어딘가로 향하겠단 마음을 먹고 그 방향을 위해 일상을 꾸린다는 관점에서는, 프리랜서 역시 삶을 가꾸는 방식 중 하나일 뿐이니까요. 그런 작가님의 퇴사 후 행보에 초대해주셔서 기쁠 따름입니다.

  저야말로 프리랜서로 지낸 지 수년이 지났지만, 되는대로 살아온 탓에 막다른 골목과 마주할 때가 여전히 많아요.

심지어 오늘 아침에도 '앞으로 어떻게 버티지?' 하며 막막해하고 있었습니다. 요즘 통 일이 없었거든요. 그런데 이 글을 쓰다보니 일 년은 버티겠단 생각이 들어요. 글이 밥 먹여주는 건 아니지만 제가 이 일을 포기해야 하나 싶었을 때는 일이 돈이 안 될 때가 아니라 아무 일도 없을 때였거든요. 그런 제게 작가님께 매달 편지를 부쳐야 하는 근사한 의무가 생겼으니 덕분에 또 일 년을 나겠지요.

일주일 뒤면 상반기가 끝나요. 전 상반기 내내 방황하다 편지를 쓰고 나서야 비로소 이번 연도를 시작할 준비가 되었어요. 늦었지요? 그래도 괜찮아요. 저만 늦었다고 생각하면 시작할 힘이 나지 않았을 텐데 모내기를 끝낸 농부들이 풍년을 기원하는 명절인 단오가 불과 엊그제였고, 산책길에 논을 보니 여린 벼들도 이제야 자리를 잡고 자라기 시작했더라고요. 한 해의 가장 중요한 농사인 쌀농사가 이제 막 시작된 마당에, 상반기 내내 방황하다 지금 시작한 제가 뭐 늦었겠어요. 그죠?

전 "어차피 이럴 운명이었어"라는 말을 좋아하는데요. 이것도 운명 아닐까요?(역시 운명론자!) 6월부터 작가님과 편지를 주고받기로 하고, 덕분에 자연을 돌아보다 벼를 발견하고, 그제야 시작할 맘이 들 운명이었을지도요.

6월 내내 조급한 마음이 들 때마다 이제 막 시작한 벼를 보면서 힘을 얻었어요. 작가님도 이렇게 자연에서 수많은 위로와 힘을 얻으시겠죠? 7월의 작가님은 무엇을 보고 어떤 위로를 얻으실까요? 저는 여기 문경의 키 작은 6월의 벼들과 함께 조급함 없는 마음으로 편지를 부쳐요. 작가님이 계신 그곳에서도 분명 조급하지 않아도 된다고 말해주는 자연이 있길 바라며.

6월
이제야 한 해를 시작한 윤수 드림

귀찮

작가님의 편지에서 바람이 불었다면 믿으시겠어요? 창을 꼭 닫고 집 안에서 읽었는데도, 키 작은 벼를 스쳐 불어오는 바람결이 느껴졌어요. 편지와 함께 보내주신 그림 속 논두렁을 나란히 걸은 기분입니다.

편지를 받고 2주 만에 답장을 보냅니다. 그 사이 달이 바뀌어 7월이 되었고, 여름만큼 무더위도 깊어졌네요. 이제 그림처럼 논두렁을 걸으려면 밭일 모자가 필요할 것 같습니다. 아마 작가님도 아실 거예요. 큼지막한 챙에 양옆으론 널따란 천이 달려 양쪽 귀와 목덜미까지 빼놓지 않고 둘러주는 모자요. 중간중간은 야무지게 망사로 되어 있어 두피의 열까지 식혀주니 제게는 여름 필수품입니다. 저는 카키색을 가장 선호하지만 읍내 오일장에선 화려한 무늬와 색상이 더욱 사랑받고 있더군요. 사실 저는 카키와 회색, 핫핑크색을 모두 보유하고 있답니다. 텃밭에서 패션을 뽐내고자 함은 아니고요. 언제, 어떤 색상을 선호하는 일꾼이 수풀집에 올지 몰라 여분을 준비해둔 것입니다.

요맘때 시골집의 가장 큰 고충은 잡초가 자라나는 속도를 뽑는 속도가 따라가지 못한다는 것이잖아요. 여름은 꽃과 나무, 텃밭의 작물을 잘 키워내지만 그 무엇보다 잡초를 가장 잘 키워내니까요. 그러니 누군가 수풀집에 온다면 원하는 색상의 모자를 고르게 한 뒤, 마당과 텃밭의 잡초를 뽑는 작업에 투입합니다. 한가롭게 시골 풍경을 즐길 생각으로 온 방문자들은 30분도 채 지나지 않아 말하곤 해요.

"풀 죽이는 약, 그런 거 있지 않아?"

저는 제초제 대신 밭일 방석을 권합니다. 동그랗고 도톰한 높이의 밭일 방석에 걸터앉으면 그냥 쭈그리고 앉아 잡초를 뽑는 것보다 한결 편하니까요.

"구찌로 할래? 페라가모로 할래?"

저는 밭일 방석을 내보이며 말합니다. 어째서 밭일 방석에까지 명품 스타일 패턴을 적용했는지는 모를 일이지만 일꾼의 취향을 존중하는 의미로 선택권을 드리고 있습니다. 모자와 달리 밭일 방석은 모든 방문자들에게 권하지 않습니다. V자로 생긴 고무밴드에 가랑이를 끼우고 앉는 과정이 그리 멋지진 않으니까요.

지난 편지에 작가님은 제 알토란 같음을 칭찬하시며 잡초 뽑기에 관해 이야기하셨지요? 손사래를 치고 싶지만 사실 그

부분을 읽으며 저도 모르게 엉덩이를 들썩거렸고, 괜히 전완근에 힘을 꽉 주기도 했습니다. 달려 나가 곧 잡초를 잡아챌 것처럼요(줄기보다 뿌리가 큰 잡초를 뽑을 땐 스냅이 참 중요하죠).

작가님 예상대로 저는 잡초를 뽑을 때 뿌리 끝까지 뽑아내는 데 열과 성을 다하는 사람입니다. 혹 뿌리의 일부를 남겨 또다시 잡초가 퍼져나가지 않을까 걱정하면서요. 작가님의 칭찬에 으쓱하여 잠시 자랑하자면 저는 제초 호미라는 아이템도 보유하고 있습니다. 잡초 뽑기에 특화된 호미로, 일반 호미와는 다르게 호미의 머리가 작고 그 끝에 갈고리 같은 톱날이 달려 있답니다. 톱날 덕에 잡초의 뿌리를 보다 쉽게 캐낼 수 있는 거죠. 무려 특허받은 호미입니다. 저는 호미질을 할 때마다 생각합니다. '역시 농사도 템빨이야.' 이제 이런 농담을 건넬 이가 생겼다니 새삼 기쁘네요, 작가님.

수풀집이 잡초 청정지대는 아니에요. 작가님이 예상하신 대로 '사진처럼 깔끔하지 않아요'라는 이야기를 하게 되네요. 일주일 중 이틀만 머무는 오도이촌* 집이기 때문이기도 하고, 혼자 관리하기엔 마당과 텃밭이 꽤 넓기도 하거든요. 요즘 같은 때에 한 차례 비가 지나가고 나면, 작물보다 잡초가 훌쩍 커 있기도 합니다. 때문에 여러 색깔의 밭일 모자를

---

* 일주일 중 닷새는 도시에서, 이틀은 시골에서 사는 생활방식

항시 구비해놓고 일꾼을 기다리는 것이고요.

잡초 뽑을 생각에 엉덩이를 들썩이고 거리에서 잡초를 발견하면 녀석의 뿌리가 궁금해지는 사람이지만, 사실 이전의 저는 잡초에게 다정한 '친잡초파'였습니다. 나훈아의 〈잡초〉라는 노래를 들으며 자라온 세대잖아요.

아무도 찾지 않는 바람 부는 언덕에
이름 모를 잡초야
한 송이 꽃이라면 향기라도 있을 텐데
이것저것 아무것도 없는 잡초라네

저보다 세상에 먼저 태어난 이 노래를 듣고 있자면 잡초가 그렇게 짠해져요. 우리 모두 이 노래를 흥얼거리며 쉽지 않은 인생을 잡초에 투영해본 적이 있잖아요.

이문조 시인의 〈들판을 푸르게 하는 것은 잡초다〉라는 시를 읽고 있으면 잡초의 성실함과 생명력을 우러르게도 됩니다. 그렇게 저는 오랜 시간 친잡초파를 자처하며 살아왔어요. 수풀집에 자리 잡은 후에도 한동안은 그랬습니다. '콘크리트 사이에서 올라온 거 봐. 쟤도 살려고…' '잡초도 생명이야!' '가만 보면 얼마나 어여쁜데' 하면서요. 그러나 한 사건으로 저는 입장을 바꾸게 됩니다. 일명 광대나물 사건입니다.

작년 봄이었습니다. 담장 아래 자그마한 보랏빛 풀꽃이 피었더라고요. 봄이 유난히 더디 와서 활짝 핀 꽃이 몇 없을 때였던 것으로 기억합니다. 마당에 새로 피어난 꽃이 반가웠던 저는 대뜸 핸드폰부터 내밀었습니다. 식물의 이름을 모르니 네이버 스마트렌즈에게 물어볼 작정이었어요. 사진 한 장이면 웬만한 식물의 이름은 바로바로 알 수 있으니, 비즈니스 세계에서 초면에 명함을 나누는 것과 비슷합니다. 사용할 때마다 신통방통한 네이버 스마트렌즈는 '광대나물'이라며 풀꽃의 정체를 알려줬어요.

특이한 이 이름은 (몇 가지 다른 견해가 있지만) 울긋불긋한 꽃이 피는 모양이 광대를 연상시키는 데서 유래되었다고 합니다. 어린잎은 나물과 국으로 식용할 수 있고 통증 완화나 해독에 효과가 있으며, 지혈제로도 활용할 수 있다는 것 또한 일러주었습니다. '이렇게 실용적인 풀꽃이 우리 집 뒷마당에 절로 찾아왔다고?' 저는 낯설지만 매력적이고 쓸모까지 넘치는 광대나물이 마음에 들었습니다. 심지어 '봄맞이'라는 꽃말까지도 마음에 쏙 들었어요. 아직은 꿀을 딸 꽃이 없어 마당을 헤매던 벌들도 그랬던 모양이에요. 작고 길쭉한 보랏빛 꽃에 벌들이 모여들기 시작했습니다. 저는 그 아름다운 장면을 사진으로 담고 있었습니다.

김미리

"고것은 왜 안 뽑아?"

지나는 길에 저희 집 마당에 들르신 앞집 할머니였습니다. 작가님도 아시지요? 마을에서 제가 제일 좋아하는 어르신이자 제 농사 선생님이요.

"아…. 그냥요. 예쁘잖아요."

"아이고, 뽑아야 되야. 가만 두믄 이리저리 퍼지기만 허구, 안 돼야. 내가 뽑아주까?"

할머니는 금방이라도 손을 뻗어 광대나물을 몽땅 뽑아 버리실 것 같았어요.

"아니에요, 할머니! 제가 이것만 찍고 뽑을게요."

저는 할머니 손을 잡고 담장에서 벗어나 얼른 화제를 전환했습니다. 예상하셨겠지만, 저는 그 광대나물을 뽑지 않았습니다. 할머니가 가시는 뒷모습을 확인한 뒤엔 벌들의 환대를 받는 광대나물을 영상(릴스)으로 만들어 인스타그램에 업로드하기도 했고요. 그땐 몰랐습니다. 그것이 보랏빛 고통의 서막이었다는 것을요.

광대나물은 담장을 따라 쭉 퍼지더니 이내 텃밭으로 번지기 시작했습니다. 순식간에 텃밭을 보랏빛으로 만들었어요. 얼마의 시간이 더 흐르자 텃밭을 벗어나 뒷마당과 앞마당을 뒤덮기 시작했고요. 그때부턴 아무리 뽑고 또 뽑아도 수풀집 곳곳에 광대나물이 가득했습니다. 봄에는 감자순보다 광대나물의 키가 더 컸고 여름엔 토마토와 상추 뿌리 옆에 착 달라붙어 양분을 빼앗았어요. 할머니 말씀을 들었어야 했다고 후회해도 이미 늦었지요. 마을 어르신들은 제초제를 한번 뿌리는 게 어떻겠냐고 하셨지만, 저뿐 아니라 마당을 오가는 동물 친구들에게 독성을 끼치는 약품이라 쓸 수가 없었어요.

작은 기대는 있었습니다. 그간의 경험으로는 잡초도 제철이 있어서 어느 때가 지나면 기운이 쇠하더라고요. 놀랍게도 광대나물은 달랐습니다. 여름을 지나 가을이 될 때까지 기세가 여전했어요. 심지어 새하얀 눈 속에서도 보랏빛 꽃을 피워 눈이 녹으면 그 사이로 얼굴을 내밀었으니까요(이때는 약간 공포를 느꼈습니다). 놀라운 생존력이죠?

포털사이트에 '광대나물'을 다시 검색하니 이른 봄에 보지 못했던 몇 가지 특징이 더 있었습니다. 광대나물의 씨는 싹이 잘 트고 오래 생존하며 바람, 비, 동물을 통해 퍼져나가는데*, 씨앗은 땅속에서 최대 5년간 생존하며 발아할 기회를 엿본다고 합니다. 게다가 벌이 찾아오지 않는 척박한 환경에서도 자가수정을 통해 생존**할 수 있다네요.

---

* 위키백과
** 자닮/잡초도감

5년… 5년이나요? 벌이 찾아오지 않아도 씨앗을 만들 수 있다고요? 광대나물을 살려주기로 했던 그날은 대체 왜 이런 내용이 보이지 않았던 걸까요. 광대나물과의 사투는 예상보다 더 길어질 것 같습니다. 작가님께서 걱정하실까봐 말씀드리면, 그래도 뽑고 또 뽑은 덕분에 올핸 작년보다 상황이 한결 낫습니다.

이 사건을 계기로 저는 반잡초파로 전향했습니다. 들풀의 생명력을 경외하고 들꽃의 소박함을 애정하며 그들이 잡초라 불리는 것을 애석하게 생각하는 일과 별개로 수풀집 담장 안에는 들이지 않기로 결정했어요. 텃밭의 작물과 화단의 꽃을 위한 조치입니다.

> 오늘 작가님께 편지를 쓰며 인터넷 사전에 '잡초'를 검색해봤습니다. 가꾸지 않아도 저절로 나서 자라는 여러 가지 풀로 농작물이 자라는 데 해가 되기도 한다, 고 쓰여 있었어요. 읽고 보니 잡초가 아니라 제 맘속 불안에 대한 설명 같기도 합니다. 기쁨과 감사는 농작물과 같아서 저절로 나고 자라지 않는데 불안은 잡초처럼 끊임없이 자라더라고요. 특히 프리랜서로 살기로 결정한 후에는 불안들이 더 쑥쑥 자라는 것 같습니다. 수풀집에 싹을 틔운 한 포기 광대나물처럼 어디선가 날아와 싹을 틔우고,

아름다운 꽃으로 매력을 뽐내다가 어느덧 마음 밭을 점령해버리는 걸 느껴요. 불안에 너무나도 취약한 저는 그걸 무력하게 지켜보고 있을 때가 많습니다. 7월의 텃밭에서 여전히 기세등등한 광대나물을 뽑으며 생각합니다. 이제는 그런 불안이 찾아오면 뿌리내리기 전에 얼른 뽑아내야겠다고요.

지난 편지에 작가님은 스스로를 잡초 뽑기에 성의 없는 사람이라고 하셨지만 작가님 방식대로 건강하게 텃밭 생활을 즐기는 농부로 보여요. 또 불안을 잘 다스리는 멋진 프리랜서 선배님으로도 보입니다.

작가님의 텃밭과 마음 밭엔 광대나물 같은 녀석은 얼씬도 않길 바라요. 아주 혹시라도 찾아든다면 제게 알려주세요. 특허 제초 호미를 선물하고 싶습니다. 마음 밭에 찾아든 잡초 같은 불안은 계절 편지를 주고받으며 함께 뽑을 수 있다면 좋겠습니다. 텃밭에 나란히 앉아 품앗이 하듯이요.

7월

반잡초파 김미리 드림

이 편지를 펼쳐 볼 땐

맑은 날이길 바라요

반잡초파 입장문 잘 읽었습니다, 김 알토란 미리 작가님 (작가님의 미들네임으로 손색 없네요). 편지를 쓰면서 작가님의 알토란 같은 면모를 어느 정도 예상했지만 '예상과 다르면 어쩌지?' '넘겨짚은 건 아닐까?' 하는 걱정이 일 퍼센트 정도 있었는데 그 예견을 훌쩍 뛰어넘는 슈퍼 알토란 면모에 감탄한 나머지 깔깔대며 읽었어요. 특히 친잡초파였던 작가님이 포털에 '광대나물'을 검색하는 대목에서 "아아…" 하며 함께 좌절하면서도 "5년이나요?"에선 외람되지만 진짜 깔깔깔 웃었습니다. 불안을 닮은 광대나물이라고 하셨지만 읽다보니 광대나물이 오히려 불안을 잠재워주는 것 같더라고요. 작가님이 불안해할 때마다 "세상에 미리가 불안해할 새가 생겼

귀찮

네?" 하며 광대나물이 보랏빛 자태를 더 휘황찬란하게 뽐내는 거죠.

그런 광대나물을 마주한 작가님이 미처 불안할 새도 없이 밭일 모자를 쓰고 목장갑을 낀 손에 다부지게 제초 호미를 쥔 뒤, 그놈의 광대나물을 뿌리까지 뽑아낼 모습을 상상하면 사뭇 진지하고 심각한 상황임에도 불구하고 웃음이 나더라고요. 이런 말하면 서운하시겠지만 전 앞으로도 광대나물이 작가님 옆에 머물며 적당한 광대 짓을 유지해주길 바라요. 작가님이 불안할 때마다 광대 짓으로 잠재워주는 귀엽고 성가신 친구가 생긴 것 같아 든든해져버렸거든요.

저도 광대나물 못지 않은 생존력을 자랑하는 집업실 텃밭 친구 하나를 소개시켜드리고 싶은데요. 바로 쇠비름이에요. 지금도 집업실 텃밭의 엄청난 지분을 차지하는 쇠비름은 땅에 거미줄 치듯 납작하게 퍼지는 잡초예요. 납작하게 자라는 데다 뿌리도 깊어 쥐어뜯기 권법으로는 어림도 없을 튼튼함을 자랑하죠. 광대나물은 여리여리하고 예쁘기라도 하지 이 친구는 다육이를 연상시키는 통통한 잎사귀에 비해 노란 꽃이 너무도 옹졸해서 정말 볼품없어요. 꽃이 피었을 때도 언뜻 보면 꽃이 없는 것처럼 보일 정도니까요. 납작하게 자라는 친구들의 특성상 퍼지기는 또 얼마나 잘 퍼지는지 허락도 없이 들어와 집업실 텃밭을 제집 안방처럼 쓰고 있답니다. 마을 할머니들 말로는 먹을 거 없고 가난한 시절엔 이 쇠비름을 데쳐 된장에 무쳐 먹었다고 하는데 아무래도 이 집에 살던 어르신께서 쇠비름을 좋아하신 게 틀림없어요. 그렇지 않고선 이렇게 지긋지긋할 정도로 날 리가 없거든요.

그런데요 작가님, 제가 이 편지를 쓰다가 쇠비름의 엄청난 능력을 알게 되었어요. 알고 보니 이 친구가 염분 흡수율이 높아 토양에서 염분을 제거하는 용도로도 쓰인다네요? 염분은 집업실 텃밭에서 제가 제일 걱정하던 문제였거든요. 제가 머무는 산북면은 음식물 쓰레기 수거차가 오지 않는 지역이라 음식물이 남으면 물에 씻고 미생물 처리기에 넣어 분해시킨 뒤 텃밭에 거름처럼 뿌리는데요, 덕분에 소똥으로 만든 퇴비 없이도 작물이 잘 자라는 텃밭이 되었지만, 깨끗이 씻어도 소금기가 남는 김치나 장아찌 같은 절임 반찬들 때문에 늘 염분이 걱정이었어요. 그런데 쇠비름이 그 염분을 흡수해주는 기특한 잡초였다니요. 자연은 어느 정도까지 스스로를 정화시키는 능력을 갖고 있다고 하던데, 집업실 텃밭에 쇠비름이 자리 잡은 것도 어쩌면 자연스러운 일이었을지도요. 마치 토양이 "음, 염분이 높아지고 있군. 쇠비름을 불러야겠어"라고 주문을 건 것처럼요.

역시 세상에 버릴 게 하나도 없네요. 하등 쓸모없다 생각했던 저 작은 잡초가 사실 이토록 중요한 임무를 충실히 하고 있었으니 내일부턴 쇠비름을 보면 기특해 해주어야겠어요(방임형 텃밭에 한 걸음 더 가까워집니다).

    스스로 염도를 맞춘 집업실 텃밭을 생각하니 저도 제 힘으로 일과 삶의 균형을 조절하며 엑셀과 브레이크를 밟고 싶어졌어요. 프리랜서를 하면서 워라밸은 진작에 포기했지만 그래도 일과 삶의 균형을 맞출 수 있다면 얼마나 좋을까요?
    지난 편지를 쓸 때만 해도 상반기 내내 일이 없어서 불안했다고 했는데, 7월부터 일이 쏟아져 신명 나게 엑셀을 밟았어요. 한 달에 한 번도 할까 말까 한 광고 협업을 세 번이나 하고 강연과 책 출간까지 겹쳐 하루하루 스케줄이 빠듯했지요. 일이 없어 손가락 빨던 날이 고작 한 달 전이라 이런 일들이 얼마나 귀한지 알고 있으니 도무지 절제가 안 되더라고요. 일에 완전히 잠식되어 일주일 내내 하루 종일 일만 하다, 문득 마루와 놀아줄 여유도 잃은 저를 보고 나서야 무언가 단단히 잘못되었단 느낌이 들었어요.
    하얀 강아지가 한창 바쁜 제게 공을 물고 와서 치근덕대면 단호히 말해요.

    "마루 안 돼, 누나 바빠, 마루 자리 가 있어."

그럼 마루는 따분해 죽겠단 얼굴로 몸을 돌돌 말고 지루하게 잠들어요. 그 모습이 딱해서 '마루 잡아라' 놀이를 하고, 공을 던지고 온몸을 와구와구 긁어줘요. 신난 마루의 표정은 말하죠.

"누나, 살면서 제일 중요한 건 이런 거야. 돈 버는 게 아니라 이런 거라고!"

뒤늦게 '아, 내가 엑셀을 너무 밟았구나' 깨닫지만 얼마 못 가 "아 맞다, 그거 해야지" 하면서 귀신에 홀린 듯 다시 노트북 앞으로 가게 돼요. 마루는 그조차 익숙한 듯 다시 책상 밑에 자리를 잡고요. 전 없던 일처럼 또다시 엑셀을 밟죠. 산책이라도 충분히 해주었으면 마루가 저 정도로 딱하진 않았을 텐데, 최근 폭우로 실내에 머무는 날이 많았기에 더 미안한 마음이 들더라고요.

7월엔 비가 참 많이 와 햇빛 본 지가 오래된 것 같아요. '비 좀 그만 와라' 소리가 절로 나오는 장마였어요. 수풀집은 무탈했나요? 땅이 굳어질 새도 없이 계속된 비에 집업실 텃밭 잡초는 하루가 다르게 무성히 자랐지만, 딱 두 포기 심은 오이 중 하나가 죽었어요. 부지런히 속을 채워가던 양상추와 상추도 궂은 비에 모두 녹았고요. 다행히 토마토와 고추, 가지는 살아남았어요. 조금 야만적이라고 생각하실 수도 있지만, 솔직히 이렇게 바쁠 땐 살아남은 작물조차 부담스러워요. 모든 작물은 보살핌이 필요하고 지금처럼 일이 바쁠 땐 그 보살핌이 버겁거든요.

아무리 방임형 텃밭이라고 해도 한없이 늘어지는 줄기들을 지주대에 묶어주어야 하고, 누렇게 시들어버린 죽은 잎사귀를 정리해야 하고, 과실이 너무 익기 전에 따주어야 하잖아요. 눈에 보일 때마다 틈틈이 했다면 일이 크지도 않을 텐데, 비도 오고 바쁘단 핑계로 몇 주 손 놓고 미루니 저 조그만 텃밭에서 해야 할 일들이 눈덩이처럼 불어났어요. 텃밭을 보고 있노라면 여름방학 내내 일기를 한 장도 쓰지 않았는데 내일 개학인 초등학생의 마음처럼 무겁고 막막했죠.

그래서 한동안 집업실을 외면했어요. 외부 일정을 소화하는 사이 비가 너무 많이 와 집업실로 가는 길이 유실된 탓이 컸지만, 가방을 풀기도 전에 어떻게 좀 해보라며 아우성칠 텃밭을 마주하면 가뜩이나 가득 찬 부담감이 터질 것 같았거든요.

그러다 비가 잠잠해지고 날이 개서 집업실에 돌아왔어요. 짬을 내어 늘어진 토마토 줄기도 정리하고, 시들어버린 오이 잎도 잘라내고, 잡초도 조금 쥐어뜯고요. 저녁이 되어

마루와 마을을 거닐었는데요. 새삼 좋더라고요. 돌이켜보니 작년 이맘때만 하더라도 매일매일 다른 구름과 노을 색을 보며 참 아름답다는 생각을 자주 했는데 최근엔 일에 잠식되어 들판을 봐도 기쁘지 않고, 하늘을 봐도 '그냥 이렇게 하루가 훌쩍 가버렸구나' 하는 마음으로 지내고 있었네요.

모처럼 맑게 개인 시골 마을을 크게 한 바퀴 걷다보니 '이 아쉬운 계절을 7월 내 한 번도 못 보다 오늘에서야 보는구나' 싶더라고요. 어느새 앞서 걷는 마루가 보였어요. 똥땅똥땅 거닐며 신나게 냄새를 맡는 하얀 강아지가요.

그 이후 잡초는 못 뽑더라도 이 시골을 많이 걸어야지 생각했어요. 제게 필요했던 휴식은 이 시골 마을의 고요한 걸음 속에 있구나 싶어서요. 핸드폰 그만 보고, 일 생각 그만하고, 그저 걷고, 하늘을 보고, 벼와 마루의 궁뎅이를 보고 말이죠. 이 생각도 "바빠, 바빠"를 입에 달고 살 때는 또다시 잃어버릴 거예요. 그래서 다짐하려고요.

"자주 걷자. 이 시골길을, 이 계절을. 마루의 저 귀여운 걸음걸이를 아쉬운 마음으로 바라보며 걷자."

우선 비가 좀 그쳐줘야 할 것 같아요. 이 편지를 마무리하는 지금 이 순간에도 비가 와요. 꽈과광 치는 천둥에 놀라오들오들 떠는 마루를 안고 어르고 달래느라 햇빛 한줌도 제대로 받지 못했네요. 혹시 7월에도 작가님의 불안이 계속되었다면 그 이유도 비 때문 아니었을까요? 햇빛과 하늘을 보고 거닐면 불안 속에서도 작은 틈을 만들 수 있었을 텐데요.

이 비가 그치고 볕이 들면 그때는 만사 제쳐두고 아쉬운 마음으로 거닐려고요. 숨을 크게 들이마시고 천천히 주변을 돌아보며 내쉬려고요. 내일이 되어도 볕이 들 것 같지 않지만 거짓말처럼 날이 갠다면, 작가님도 아쉬운 마음으로 거닐어 보세요. 왠지 같이 걷는 기분이 들 것 같네요.

7월
비가 그치길 기다리며 귀찮 드림

추신1. 이 책을 함께 쓰기로 하면서 작가님과 함께하는 여러 상상을 해보는데요. 언젠가, 혹 작가님도 괜찮으시다면 그게 쇠비름이든, 광대나물이든, 나란히 앉아 작가님께서 선물해주신 제초 호미로 뿌리까지 야무지게 캐고 시원하게 맥주 한잔 함께하는 날을 고대해봅니다.
추신2. 혹시 작가님만의 워라밸을 지키는 팁이 있나요?

몰려드는 일 앞에서 장사 없지만 김 알토란 미리 작가님이라면, 일과 휴식 사이에서도 알토란같이 적당한 균형을 잡을 요령을 갖고 계실 듯 해서요.

김미리

그해 여름

작가님, 입추의 아침입니다. 가을로 접어드는 절기라는 설명과 달리 매년 무더위가 기승을 부리는 때지요. 이제는 압니다. 다음 절기인 처서쯤은 되어야 가을바람이 분다는 것을요. 입추가 점점 더 무더워지는 게 한두 해 사이의 일은 아니지만 올해는 여름의 끄트머리가 아니라 여름의 꼭대기에 올라선 것 같은 폭염이에요.

요즘 제게는 새로운 아침 루틴이 생겼습니다. 눈을 뜨면 그날의 최고 기온과 시간대별 기온을 확인하고, 외부 일정을 다시 조정하는 것인데요. 한낮에 텃밭을 돌보다 가벼운 온열 질환을 앓은 후 추가한 루틴입니다. 확인해보니 오늘 금산의 최고 기온은 35도이고, 일출과 일몰 사이 기온이 30도를 넘지 않는 시간은 아침 6시부터 9시까지 고작 세 시간이더라고요. 작가님이 계신 문경의 날씨도 함께 확인하니 이곳 금산과 비슷하네요. 보내주신 편지를 읽으며 작가님과 함께 똥땅똥땅 산책길을 거닐 귀여운 마루의 엉덩이를 상상했는데요. 폭염 때문에 산책 나서는 걸음을 다시 붙들리진 않았을까 걱정되네요.

올해의 기록적 폭염은 지구 곳곳을 뜨겁게 할퀴는 채찍 같습니다. 중동에 위치한 이란엔 연일 50도에 육박하는 불볕더위가 계속되고 있다는 소식을 들었어요. 유럽의 나라들은

김미리

야외 작업과 배송 근로를 금지하거나 단축시켰고 임시 공휴일을 선포하기도 했다더군요. 농사를 생업으로 하시는 마을 어르신들은 자라는 작물을 두고 쉴 수가 없으셔서 기상 시간을 더 당기는 방법을 택하셨더라고요. 새벽 4시, 해도 뜨지 않은 캄캄한 새벽에 논밭으로 향하는 어르신들의 모습을 떠올리며 편지를 씁니다.

어르신들과 달리 저는 오늘도 (또) 늦잠을 잤습니다. 9시가 다 되어 일어났어요. 이미 기온이 30도가 넘은 뒤였습니다. 이글거리는 문밖의 열기를 바라보며 '아무래도 오늘 밭일은 힘들겠네. 무성한 저 잡초들은 어쩐다? 담장에 오일 스테인도 새로 칠해야 하고, 현관문 옆에 벌집도 제거해야 하는데…' 생각할 뿐입니다.

이번 여름은 수풀집에서 보내는 네 번째 여름이고, 제가 새벽 기상을 하는 부지런한 농부가 아니라는 사실은 첫해부터 지금까지 한결같아요. 그래도 작년까진 여름의 텃밭과 마당을 그럭저럭 건사하며 지내왔어요. 달라진 건 제가 아니라 여름이라는 사실을 밝히기 위해, 작년 여름의 한 장면을 이야기해봅니다.

"젊은 사람은 뭐, 목숨이 여러 개여? 왜 땡볕에서 일을 하고 그랴. 쓰러져. 일어나믄 다음 생이여."

하필 해가 가장 높이 뜬 시간에 텃밭에 쭈그려 앉은 저를 본 이웃 어르신의 농담이에요. 저는 어르신의 개그가 참 제 스타일이다 생각하며 대답합니다.

"아, 모르셨어요? 요즘은 태어날 때 목숨 하나씩 더 주는데요?"

담장을 사이에 둔 채 어르신과 저는 한참을 같이 웃곤 해요. 그러다 저는 사실 좀 전에 막 일어났다고 고백합니다. 누가 봐도 방금 일어난 행색이라 굳이 말하지 않아도 아셨을 테지만요. 마을의 다른 어르신들도 제가 늦잠을 잤다는 걸 알고 계실 거예요. 작가님도 아시지요? 시골 마을에선 대문을 여는 것으로 집주인의 하루가 시작되었다는 걸 알리잖아요. 저희 집은 마을에서 가장 늦게 대문이 열리는 집입니다.

"이따 대여섯 시 넘어서 햐. 해 넘어가믄 아무래도 낫지!"
"아니에요. 저녁 때는 막걸리 마시고 놀아야 돼서 지금 하는 거예요. 오늘 친구들이 온다 그래서요."

어르신이 허허 웃으며 지나가시면 저는 목을 빼고 친구들을 기다립니다. 밭일 모자와 밭일 방석을 장착하고 잡초가

김미리

창궐한 텃밭을 정리해줄, 오늘의 일꾼들을요. 대문 밖에 차 소리가 들리면 얼른 집 앞으로 뛰어나가 그들을 반깁니다.

잡초와 작물들의 잔가지들이 무성했던 텃밭이 단정해질 때쯤, 일꾼들의 땀방울이 쏟아지다 못해 옷을 흠뻑 적실 때쯤, 저는 시원한 수박과 막걸리를 내어옵니다.

"새참이요!" 외치며 그늘 아래 자리 잡고 수박을 쩍 가르고 막걸리를 꿀꿀꿀 따릅니다. 수박 한 입, 막걸리 한 모금을 마신 일꾼들은 입을 모아 말하죠.

"더럽게 힘든데, 나 왜 좋아?"
"우리 농사꾼 체질인가."
"그냥 술꾼 체질 같은데?"

제가 기억하는 여름의 장면은 이렇습니다. 한낮의 더위가 매서워도 작은 그늘과 시원한 새참이 있다면 견딜만했어요. 이웃과 농담을 나누고 친구들과 수다를 떨 여력이 있었어요.

올해 여름은 좀 다른 것 같아요, 작가님. 오늘은 폭염에 따른 국내 온열질환 추정 사망자가 전년 대비 세 배나 증가했다는 가슴 아픈 뉴스를 들으며 하루를 시작했습니다.

어릴 적 처음 지구 온난화에 대해 배웠을 때, 교과서에는 지구 온난화를 막기 위해 노력해야 한다고 쓰여 있었어요. 우리 다음 세대를 위해서요. 그런데 기후 위기는 벌써 우리 세대 속에 와 있네요. 이렇게 많은 사람들이 폭염 때문에 사랑하는 이들의 곁을 영영 떠나게 될 줄 몰랐습니다. 유엔 사무총장 안토니우 구테흐스는 지구 온난화의 시대가 지나갔다고 말하더군요. 지구 온난화의 시대가 끝나고 지구 열대화의 시대가 시작되었다고요.

수풀집 텃밭엔 지구 열대화의 시대에 적응하지 못한 작물들이 고전하고 있습니다. 상추들은 모두 녹아버렸고 토마토는 덜 여문 열매를 매단 채로 말라죽었습니다. 이맘때면 보랏빛 열매를 끊임없이 내어 주며 밥상을 점령해버리곤 하던 가지도 잠잠합니다. 가지밥, 가지무침, 가지전, 가지그라탕, 가지덮밥… 아직 해먹어야 할 메뉴가 가득한데 지난달 수확했던 두 개의 가지가 마지막이었나봐요.

저는 평일에는 물을 주지 못하는 주말농부라 제 텃밭의 작물들은 날씨와 땅이 키우고 있다고 말하는 게 더 적절합니다. 때마다 적당한 비가 내리고 그치면 제가 따로 물을 주지 않아도 잘 자랐으니까요. 비가 그치면 우리 눈엔 물기가 모두 사라진 것 같지만 흙 속에는 수분(토양유효수분)이 남아있고, 작물들은 흙에 남아있는 수분을 꺼내 쓰며 지낸대요. 주말이 되어 제가 물을 줄 때까지 버틸 수 있는 것이죠. 그런데 올해는 한참 폭우가 계속되다가 폭염으로 이어지니 견디기가 힘들었던 모양이에요. 아쉽지만 이렇게 여름 텃밭과 인사를 해야 하는 것인가 봅니다.

그리고다의 텃밭 작물들은 안녕한지 궁금합니다. 작가님 마음을 조금 버겁게 하던 토마토, 고추, 가지 삼총사는 무탈한지, 폭염을 잘 견뎌주고 있는지요. 여전히 작가님이 계신 집업실 그리고다의 밥상을 든든히 지켜주고 있다면 좋겠습니다.

지난 편지에 워라밸을 지키는 저만의 팁이 있냐고 물으셨지요? 이런 것도 팁이라고 부를 수 있을지 모르겠지만 저는 밥상을 차려요. 그리고다의 삼총사와 가지 요리 이야기를 하다보니 떠오르네요.

정신없이 일의 세계를 유영하다보면 가끔은 수면 위로 나와 숨을 쉬어야 한다는 것을 잊기도 하잖아요. 대충 라면이나 끓여 먹자 싶은 마음이지만 그 마음을 떨치고 텃밭으로 나가는 것이 핵심이자 결정적 고비입니다. 먼저 텃밭에 무엇이 열렸는지 보고 그 채소로 할 수 있는 간단한 레시피를 검색해요. 인터넷에 계신 여러 요리 스승님들의 가르침에 따라 채소를 씻고, 다듬고, 조리합니다. 그러면서 조록조록 흐르는 물소리를 듣고, 싱그러운 채소의 향을 맡고, 나무 도마에 칼이 탁탁탁 부딪히는 감촉을 느끼고, 오묘하게 바뀌는 요리의 색깔들을 봅니다. 잠시 고개를 들어 창밖에 양떼구름을 확인하기도 하고요. 그럴 때면 잠시 멀어졌던 삶의 영역으로 차분히 회귀하고 있다는 느낌이 들어요.

요리가 완성되면 좋아하는 그릇에 담고 테이블 매트를 꺼내 정갈하게 밥상을 차립니다. 귀한 손님을 모시듯이 말이에요. 그렇게 한 끼를 먹고 나면 일의 파도에 휩쓸리는 게 아니라 나아가고 싶은 방향과 속도로 보다 자유롭게 헤엄칠 용기가 생기더라고요. 그게 바로 밥심이 아닐까요?

지난달엔 작가님의 두 번째 책 《귀찮지만 매일 씁니다》가 출간되었지요. 다시 한번 출간을 축하드려요. 작가님은 출간 이후 바쁜 나날을 보냈다고 하셨지만 덕분에 저는 무척이나 신나는 날들을 보냈습니다. 365일 동안 매일 쓰고 그린 기록을 읽는 행복이라니요. 제 귀찮력을 한 단계 업그레이드한 나날입니다.

작가님의 책은 저를 웃게 하기도, 울게 하기도 했습니다. 특히 동네 어귀의 축사에서 겨울에 태어나 봄이 지나기도 전에 팔려 간 아기 소의 이야기는 읽을 때마다 제 마음을 뻐근하게 만들었어요. 아기 소를 보내고 밤새 울어 눈물 자국이 가득해졌다는 어미 소의 얼굴이 그려졌어요. 그 얼굴을 마주하며 글을 쓰고 그림을 그렸을 작가님의 마음도 선명히 전해졌습니다.

지구 곳곳에 기록적인 폭우와 폭염이 계속되는 이유는 수없이 많지만, 그중 하나는 인류의 과도한 육식으로 인한 온실가스 배출이고 이상 기후는 그에 수반되는 환경 피해라고 하지요. 채식은 기후 위기에 개인이 할 수 있는 효과적인 해결방안이라는 사실을 다시 한번 떠올리며 오늘도 채소로 만든 식사를 준비합니다. 훗날 제가 할머니가 되었을 때, 작가님과 이런 편지를 나눌 수 있다면 좋겠다고 생각하면서요.

"윤수, 그해 여름 기억나? 나는 봄에는 봄이, 여름에는 여름이 가장 좋다고 말하는 사람인데 말이야. 그 해만큼은 여름이 너무 힘들더라고. 폭우랑 폭염이 돌아가면서 난리였지. 사람들이 많이 다치고, 아프고, 죽었잖아. 그래도 그해 여름 지나고부터 점점 좋아졌지. 다들 너무 늦었다고 그랬는데, 아주 조금씩이라도 매년 나아졌어. 이제 와서 보니 그래.

그때 인류학자 제인 구달이 한 말이 아직도 생각 나. 어떤 사람들은 이제 더 이상 우리가 할 수 있는 일이 없다고 말한다고. 하지만 자신은 그렇게 생각하지 않는다고. 아직 시간이 있다고. 근데 벌써 우리가 그때 제인 구달만큼 나이를 먹었네."

8월

김 알토란 미리 드림

<u>추신</u>. 그땐 저희가 서로 평어를 사용하고 있지 않을까요?

작가님의 편지를 읽었을 때만 해도 더위가 기승이었는데, 답장을 쓰는 아침은 그래도 제법 시원합니다. 아직 한낮엔 끔찍하게 더울 테지만요. 편지 쓰기 전 커피를 내리며 뜨거운 커피와 차가운 커피 사이에서 고민하다 결국 둘 다 가져왔는데 이 선택이 딱 요즘 날씨 같네요. 이번 편지는 요즘 날씨처럼 변덕스러울 예정이에요. 편지를 받고 희망과 용기로 가득 찼던 마음이 하루아침에 참담해졌거든요.

  작가님의 지난 편지에서 분노가 느껴졌다고 하면 너무 부정적일까요? 매일 아침 최고 온도를 기록하는 작가님의 모습을 상상하면 무더위를 피하는 안도감보다 입추에도 꺾일 기세 없이 계속되는 잔인한 폭염에 느낄 분노가 먼저 떠올랐거든요. 전 그 분노가 정말 반가웠어요. 백지장도 맞들면 낫다더니 부정적인 감정도 함께 느끼니 긍정이 되더라고요.

  저기 금산에 나와 같은 마음으로 이 더위를 바라보고 있는 사람이 있다는 게 참 든든하고, 기쁘고, 슬픈 일이더라고요. 작가님이 할머니와 주고받는 농담이, 작가님 댁에 놀러 온 친구들이자 수풀집 텃밭의 일꾼들이 주고받는 이야기가, 말미에 쓴 그해 여름이 너무도 반짝이고 빛나서, 그게 얼마 남지 않은 것 같아서요.

  사실 저도 올여름 내내 이런 생각에 자주 잠겼어요.

귀찮

"이런 장면을 얼마나 볼 수 있을까?"

우리는 우리 앞의 흔들리는 꽃과 풀, 뭉게구름과 따스한 볕을 얼마나 볼 수 있을까요? 늦은 여름밤 목청 높은 개구리의 울음을, 울창한 나무 사이를 오고 가는 작은 새의 지저귐을, 시골집 주변에 흐르는 맑은 계곡물의 소리를 얼마나 들을 수 있을까요? 이른 아침의 상쾌한 향기를, 해 질 녘 달달한 공기 냄새를 얼마나 맡을 수 있을까요?

모든 게 얼마 남지 않은 듯한 체념으로 가득 찬 와중에 작가님의 "그래도 그해 여름 지나고부터 점점 좋아졌지. 다들 너무 늦었다고 그랬는데, 아주 조금씩이라도 매년 나아졌어"라는 말에 기운이 나버렸어요. 이미 슬픈 결말로 정해져 있다 해도, 수풀집의 조록조록 물소리와 나무 도마에 탁탁 칼이 부딪치는 소리를 조금 더 오래 듣기 위해 뭐라도 해보고 싶어졌습니다.

하지만 이 답장을 쓰고 있는 지금 제 기분은 너무도 무력해 할 말을 잃었습니다.

우리가 오늘의 제인 구달만큼 나이를 먹게 되었을 때, 그때 역사는 지금을 어떻게 기억할까요? 저는 소수의 사람이 다수의 희망을 꺾을 수 있다는 걸 목격했어요.

환경운동연합이 2023년 5월 25일 발표한 설문조사에 따르면 응답자의 85.4퍼센트가 후쿠시마 원전 오염수 해양 방류에 반대한다고 해요. 응답자의 72퍼센트는 해양 방류 후 수산물을 기피하게 될 것 같다고 답했고요. 이런 결과에도 권력을 쥔 소수의 사람들은 기어코 내일부터 30년간 태평양에 원전 오염수를 버리겠다고 발표했어요. 전 세계적으로도 발병률이 극미한 소아 갑상선암이 후쿠시마현에 폭발적으로 증가한 사실을 묵인하고서요. 끝내 삼중수소를 걸러내지 못한 오염된 물이 우리 아이들의 식탁에 올랐을 때 아주 천천히, 어떤 결말을 만들어낼지 알면서도 말입니다. 투명한 물에 까만 물감을 풀었을 때의 모습처럼 후쿠시마에서 방류된 물도 태평양 곳곳을 누비겠지요. 사람들은 그 물이 한반도에 2년 뒤 온다, 5년 뒤 온다 말하지만 언제 오는 지가 뭐 중요하겠어요. 그 물이 해류를 타고 바다 전체에 퍼져 바다 생물, 나아가 우리가 마시며 살게 될 건 자명한 사실인데요.

이런 일이 처음은 아니라서 분노와 무력함 다음에 어떤 감정이 올지 잘 알고 있어요. 냉소와 무관심이죠. "내가 할 수 있는 일이 없으니 그냥 눈을 감아버리자. 피곤한데 뭐 그렇게 앞으로를 걱정하냐. 나는 우주의 조그만 먼지다. 그러니 당장 행복하자"라는 소리가 올라와요.

비난과 비관까지 섞이면 이렇게 되어요. "아 맞다. 계속된 어업 활동과 석탄 소비로 어차피 이대로 간다면 수생 동물은 90퍼센트가 멸종한다 그랬지? 그럼 잘됐네. 후쿠시마 원전 오염수 방류 덕분에 사람들이 수산물을 덜 소비하게 될 거고, 자연스럽게 어업도 줄어들 테니 바다 생물한테는 오히려 잘된 거네? 체르노빌 원전이 터지고, 폐허가 된 자리에 인간 대신 동물이 살게 되면서 새로운 생태계가 만들어진 것처럼, 인류가 떠난 바다에 숨통이 트일지도 몰라. 물살이 입장에선 차라리 방사능 물 좀 마시고, 인간이 떠나가는 게 더 나을 거야" 하고요. 모든 일엔 장단점이 있다며 자조하고 합리화하게 되겠죠.

하지만 그렇게 끝내선 안 될 문제라는 걸 알아요. 바다가 온통 방사능이 되어 사람들이 해산물을 기피한대도 가만히 있으면 해양생물 멸종은 기정사실일 테니까요. 그 이유 중 하나는 버려진 어망 때문이라고 하더라고요. 줄이 끊어지거나 다시 찾지 않아 버려진 어망 속 미끼를 보고 들어간 물고기가 나오지 못해 죽고, 그 사체에 유인된 다른 물고기가 또 죽고. 그렇게 한 어망에서 무한한 죽음이 일어나고 있대요. 지금 이 순간에도요. 그러니 움직여야죠. 바닷속에 이런 문제가 있다는 걸 알리고, 그 일에 사람들이 관심을 갖도록 해야죠.

너무 늦기 전에.

    단지 어떤 생물이 멸종된다는 소식으로 개인을 바꾸기엔 한계가 있을 테니 제가 채식을 지향하게 된 이유를 써볼까 해요. 저는 다이옥신 때문에 채식을 마음먹었어요. 우리가 흔히 쓰는 비닐과 플라스틱을 연소시킬 때 나오는 그 발암물질이요. 비닐이 탈 때뿐만 아니라 농약과 제초제로도 쓰이는 이 다이옥신은 일 그램의 극소량으로도 2만 명의 사람을 죽일 수 있을 만큼 위험한 화합물인데요. 화학적으로 아주 안정된 물질이라 물에는 분해되지 않고 지방에 녹는대요. 농약으로 키운 작물을 먹는 동물의 몸에 다이옥신이 고스란히 쌓이는 이유죠.

    한번 들어간 다이옥신은 배출되지 않고 평생 체내에 머문다고 해요. 두 가지 유일한 배출 방법인 출산과 수유를 제외하고서요. 그러니 수소는 평생 다이옥신을 머금으며 살 수밖에 없고 암소는 출산과 수유를 통해서만 배출하니, 한번 축적된 다이옥신은 세대를 이어가며 계속 소의 몸에 머무르게 되는 거죠. 이 사실을 알고 나니 소의 몸이 더 이상 건강해 보이지 않았어요. 과장해서 말하면 농축된 다이옥신으로 보였달까요. 칼슘으로 가득 찬 줄 알았던 뽀얀 우유는 다이옥신 음료가, 빵은 다이옥신 덩어리가 되었지요. 송아지는 그 다이옥신을 고스란히 물려받은 동물이 되었고요. 이게 제가 육식을 피하게 된 가장 큰 동기였어요. 이기적이게도 내 몸 건강하고 싶어서요.

그렇게 시작된 채식은 시골에 살면서 암소가 평생 좁은 우리에서 임신한 채 살아간다는 걸 알게 되고, 그 임신이 수소 없이 얼마나 폭력적인 방식으로 이뤄지는지, 출산 후 얼마만에 아이를 잃는지를 목도하면서 불완전하지만 오랜 시간 지속되고 있어요.

사람에겐 쓸 수 없는 고농도의 항생제와 호르몬 주사를 맞고 인위적으로 임신된 소. 그렇게 태어난 아기 소의 반짝이는 속눈썹과 맑은 눈빛은 그 모든 치욕적인 과정을 잊게 만들어요. 깡총이는 다리와 쓰다듬어 달라며 내미는 머리, 보송하고 보드라운 갈색 털. 가끔 보는 제 눈에도 이토록 귀여운데 어미 소는 제 자식이 얼마나 귀여울까요. 눈에 넣어도 안 아플 자식과 4, 5개월 만에 생이별하는 사이 어미 소의 배엔 이미 지난번과 같은 방식으로 만들어진 다른 새끼 소가 자라나고 있지요. 시골에서 알게 된 잔인한 표현으로 그렇게 열 번 정도 '새끼를 빼고' 나면 더 이상 임신할 수 없어 버려져요. 죽고 싶어도 열 번 남짓한 출산과 생이별을 반복한 후에야 최악의 방법으로 살해되며 삶이 끝나는 암소의 삶을 가까이 보지 않았더라면, 이 불완전한 채식조차 이어가지 못했을 거예요. 인간은 망각의 동물이고 다이옥신 덩어리처럼 큰 충격일수록 빨리 잊고 싶어 할 테니까요.

이런 글이 축산업과 어업에 종사하시는 분들께 얼마나 큰 상처가 될 지 잘 알고 있어요. 이곳에 살면서 어르신들에게 소를 키워 파는 일이 생계에 얼마나 중요한지도 소의 생애만큼이나 가까이서 보고 있으니까요. 예전엔 쉽게 뱉었던 "소 안 키우시면 안 되냐"라는 말이 이제는 너무나 무거워졌어요. 멈추라고 말하기엔 이 파괴의 사슬 속에 단단히 묶인 사람들의 삶이 이미 충분히 고단해서 입을 뗄 수가 없어요.

사회가 이 죽음의 사슬을 끊고 사슬에 엮었던 사람들에게 더 나은 방식을 제공해주었으면 좋겠어요. 썩지 않는 플라스틱 어망 대신 생분해성 어망을, 다이옥신이 가득한 농약 대신 유기농 재배를 선택하도록요. 삼중수소가 완전히 걸러질 때까지 원전 오염수를 기존처럼 보관하는 것도 더 나은 방식이죠.

이렇게 대안이 있는데도 외면하는 사회가 답답해요. 그 답답함이 글과 그림으로 목소리를 내기 시작한 이유이기도 하고요. 하지만 저 같은 사람의 작은 외침에도 조롱과 비아냥이 쏟아지더라고요. 그런 말에 한번 무너지면 생각도 마음도 잔뜩 움츠러들었어요. '내 안위가 엉망인데 이게 다 무슨 소용이야. 긁어 부스럼 만들지 말고 그냥 조용히 편하게 살자'라는 냉소로 오랜 시간 눈 감게 되었죠.

그런데 작가님의 지난 편지를 읽으며 다시 용기가 생겼어요. 나와 같은 마음을 느끼는 한 사람이 여기 있구나. 그럼 우리 둘이니까, 둘이 한다면 셋을 만들 수 있지 않을까? 셋이 한다면 넷이, 그렇게 이 글을 쓰기 전보다 더 많은 사람들과 함께 작은 움직임을 만들어낼 수 있지 않을까? 결국 그 작은 움직임이 물결을 만들 수 있지 않을까 하는 희망을 보았거든요. 오늘 편지는 그 희망을 바라보며 적었어요. 꺼내기 두려운 이야기들, 감당할 수 없을 것 같은 이야기들이었는데 막상 꺼내고 나니 오랜 시간 제 속에 잔뜩 쌓였던 말들이 와르르 쏟아졌고 마음이 조금은 후련해졌습니다.

가벼워진 마음으로 낙엽이 떨어진 마당을 쓸었어요. 몇 주 전만 해도 익을 새 없이 푸르르기만 했던 한여름이었는데 어느새 사과가 빨갛게 익기 시작했고, 벼에 쌀알이 통통하게 맺혔어요. 여름이 가고 있네요. 그러고 보니 오늘이 처서더라고요.

달큼한 저녁 공기를 마시며 바스락거리는 낙엽을 쓸다 보니 그래도 아직은, 자연이 제 리듬을 놓지 않고 계절에 맞게 피고 지고 있는 것 같아요. 그 모습에 안도하고 싶지만 안도할 수 없는 내일이 올 테니까 좀 더 씩씩해져 보려고요. 작가님께 이 편지를 보내고 훗날 독자들에게 내보일 용기를 가져보려고요. 비관과 냉소로 눈 감지 않기 위해서, 흘러가는 대로 합리화하지 않기 위해서요.

작가님의 편지를 받아 든 제가 이렇게 용기를 내었듯, 이 글을 보는 누군가에게도 작은 용기가 되길 바라면서요.

8월
우주의 큰 먼지 귀찮 드림

추신. 다행히 토마토와 고추, 가지는 살아있어요. 오히려 하루가 멀다 하고 번갈아 찾아오는 폭우와 폭염에 내내 몸살을 앓다 이제야 기운을 차린 듯 잘 익은 과실들을 부지런히 내어주고 있습니다. 슬슬 배추 모종과 쪽파 씨로 가을 채비를 해야 할 텐데, 또 불쑥 겁이 나네요. 다음 계절에도 이어질 지구 열대화를 잘 버텨줄지 몰라 망설이고 있습니다. 설령 배추와 쪽파가 잘 견뎌준대도 김장할 때 마음 놓고 쓸 소금이 있을까 싶기도 하고요.

가을 편지

우리 계절의 기쁨과 슬픔

9월의 편지는 서울에서 쓰고 있습니다. 여름의 꼭대기 같던 입추가 지나갔고, 작가님이 뜨거운 커피와 차가운 커피를 모두 준비하신다던 처서도 지나갔습니다. 밤이면 서늘해져 흰 이슬이 맺힌다는 백로도 사흘 전에 지나갔어요. 그런데 이게 무슨 일인가요, 다시 덥습니다. 떠난 듯하던 여름이 돌아왔어요. 지하철에서 내려 집에 오는 잠깐 사이에 등이 축축하게 젖었네요.

카톡으로 날씨 이야기만 늘어놓는 사이를 '초기 썸'이라 정의한다지요? (feat. 아침/점심/저녁 밥 먹었냐+출/퇴근 잘 했냐) 이제 막 썸을 타기 시작한 사이라 대화의 시작과 끝이 날씨로 점철되는 그런 사이요. 날씨 얘기로 편지를 시작하고 나니 얼마 전 인터넷에서 봤던 누군가의 질문이 떠오릅니다.

"날씨 얘기만 하는 썸남이랑 몇 주째 카톡 중인데요. 진짜 할 말이 없나봐요. 할 말이 없어지면 날씨 얘기로 말을 계속 돌려요. 예를 들면 '오늘 진짜 덥다ㅠㅠ' 이렇게요. 썸남이 싫지는 않은데 가끔 기분이 나빠요."

그 질문에는 이런 답변이 달려 있었어요. "썸남이 할 말이 없어서 그런가보네요. 공통의 관심사가 없거나 적으니까 자꾸 날씨 이야길 하는 거예요. 친밀도가 올라가면 자연스럽게 여러 주제로 이야기 나누게 될 거예요, 걱정 마세요."

그러고 보면 제 편지도 매번 날씨 이야기로 시작하잖아요. 날씨 이야기 비중도 무척 높고요. 제 편지가 다정과 애정을 잠시 유보한, 아직은 끈끈히 나눌 것이 없어 날씨라도 끌어 들여야 공통점이 생기는, 불편하고 어색한 초기 썸처럼 느껴지진 않을까 걱정되기 시작했어요. 그래서 다짐했습니다. 이번 편지만큼은 날씨 이야기로 시작하지 않으리. 첫 줄부터 새롭고 특별한 이야기, 그 재미로 작가님을 사로잡으리!

그런데 어김없이 날씨 얘길 하고 있습니다. 의식하면서도 도무지 생략할 수가 없었어요. 기온이 30도에 육박하고 폭염 특보가 내리는 9월 중순이라니요. 오늘도 (또) 날씨에 관하여 쓰다가 알게 되었습니다. 저에게 날씨는 어색한 대화의 물꼬를 트는 그저 그런 주제가 아니라는 사실을요.

볕과 바람이 좋을 때는 날씨를 함께 누리고 싶어서 날씨 예찬을 합니다. 미묘하게 바뀐 아침 공기, 잠시 동안 강아지 모양을 하고 있던 한낮의 구름, 해 질 녘 스윽 스쳐간 바람 속에 섞인 선선함. 지나치기 쉬운 그런 사소한 찰나를 상대방도 보고 듣고 느꼈는지 궁금해지거든요. 혹 너무 바빠 놓치고 있다면 얼른 챙겨 누리라는 일종의 채근이기도 합니다. 우리가 지금 당장 만나서 함께할 수는 없어도 말이죠.

어딘가 단단히 탈이 난 것 같은 날씨를 말할 때는 조금 두렵습니다. 오늘 같은 무더위라면 그나마 다행이지만 상상하기 싫은 재해가 불쑥 찾아오기도 하니까요. 그럴 때마다 저는 "비가 너무 많이 오네요. 하늘에 구멍이 뚫린 것 같아요"라고 말합니다. '비가 너무 많이 오는데 무슨 일 있는 건 아니죠?' '사랑하는 사람들과 반려동물 모두 건강하고요?' '계신 지역과 집, 모두 무탈하지요?'라는 걱정스런 질문들 대신 말이에요.

    편지를 주고받으며 작가님 역시 날씨와 계절을 사랑한다는 사실을 알게 되었습니다. 그러니 오해는 없으실 줄로 압니다. 그래도 혹시나 싶어 매번 날씨 이야기를 꺼내는 마음을 적어 보냅니다. 앞으로도 날씨 얘기 빙자해 작가님의 안부를 묻고 또 물을 것 같으니까요.

    오늘 제가 땀을 뻘뻘 흘리며 다녀온 곳은 집에서 가까운 국가자격시험장이에요. 자격시험을 보고 막 돌아온 참입니다. 갑자기 웬 자격증인가 싶으실 테지만 이 일은 작가님과 깊은 연관이 있는 일입니다. 지난 7월, 작가님께 보낸 계절 편지로부터 시작된 일이니까요.

    제게는 보랏빛 고통이지만 작가님을 크게 웃게 만들었던 광대나물 이야기, 기억하시지요? 그때 그 편지를 쓰면서 광대나물을 여러 번 검색했어요. 작가님께 광대나물에 대한

김미리

저의 오해와 실제를 가능하면 정확하게 전하고 싶었거든요. 그러면서 알게 된 몇 가지 사실을 편지에 전했었지요. 몇 주 뒤 답장을 받았습니다. 작가님은 수풀집 텃밭의 광대나물 에피소드를 받으신 뒤 그리고다 텃밭의 쇠비름 에피소드를 내미셨죠. 염도 높은 토양에서 염분을 흡수하는 능력자 아니, 능력초 쇠비름의 이야기요. 작가님이 들려주신 쇠비름의 서사에 흠뻑 빠진 저는 그 후 몇 주간 여러 잡초를 검색하며 지냈습니다. 지금도 수풀집 곳곳을 차지하고 있는 바랭이, 애기똥풀, 망초, 강아지풀부터 주로 논에 번성한다는 가막사리, 돌피, 알방동사니 같은 잡초까지 검색하고 공부했어요. 잡초니까 아무 데서나 다 잘 자랄 줄 알았는데 그들도 특히 잘 자라는 환경이 있더군요. 저를 홀린 광대나물처럼 개성 넘치는 꽃을 피우는 잡초, 쇠비름처럼 톡톡히 제 몫을 하는 잡초가 한둘이 아니었어요.

저는 잡초에 대해 더 알고 싶어졌습니다. 수풀집 마당에 잡초를 모두 없애고 싶은 반잡초파의 마음인지, 아니면 잡초의 성실함과 생명력을 우러르던 친잡초파의 마음인지는 모르겠어요. 아마 둘 다였던 것 같아요. 잡초와 벌레 때문에 골머리를 앓는 저에게 마을 어르신들이 권하시던 제초제, 살충제, 살균제에 관해서도 공부하고 싶어졌습니다. 그러던 중, 제가 궁금한 잡초와 농약에 관해 공부하고 자격증을 취득하는 시험이 있다는 사실을 알게 되었어요.

네, 맞아요. 그 자격시험이 오늘 제가 응시한 '식물보호산업기사'입니다. 각종 식물병, 해충, 농약, 잡초에 대한 지식을 습득해서 여러 문제상황을 진단하고 방제할 수 있는 자격시험이에요. 보통 기사나 산업기사 시험에는 응시 자격이 있습니다. 시험을 보기 위해서 관련 학점을 이수하거나 실무경력을 쌓아야 하는 것인데요. 운 좋게도 제가 졸업한 환경학과가 관련학과로 분류되어 있더군요. 졸업 후 십몇 년간 완전히 잊고 있었지만 말이에요.

문제는 시험에 응시하기로 마음먹은 날, 올해 시험 접수가 모두 끝났다는 사실을 알게 됐다는 것입니다. 한 해에 딱 세 번 있는 시험 접수가 마감됐더군요. 바로 이틀 전에요. '글이나 열심히 쓰라는 뜻인가' 하며 포기하려는 순간, 빈 자리 접수라는 것을 알게 됐습니다. 접수 마감 후 남은 자리에 추가 접수를 받는 제도인데요, 덕분에 접수를 마쳤습니다. 식물보호기사는 자리가 없었지만 식물보호산업기사는 빈 자리가 남아있더군요. 작가님이 좋아한다는 문장이 떠올랐습니다. 어차피 이럴 운명이었어!

사실 기사·산업기사 자격증은 대학 시절에 간절히 필요했어요. 기사나 산업기사 자격증이 있으면 학과에서 장학금도 주고, 과제를 면제해주기도 하고, 어떤 수업에서는 가산점을 주기도 했으니까요. 동기들과 선배들 모두 여러 기사 시험에 매진했습니다. 수질환경기사, 대기환경기사, 토양환경기사, 자연생태복원기사…. 합격하는 친구들이 꽤 있었고, 쌍기사(기사 자격증이 두 개 있는 친구들을 쌍기사라고 불렀습니다)도 드물게 있었어요.

십여 년이 지난 지금, 이 자격증이 왜 필요한가 생각해봅니다. 장학금, 과제 면제, 가산점 같은 보상은 당연히 없고 시험공부를 하느라 일할 시간이 부족해져 오히려 발을 동동 구르게 되는데 말이에요.

재미와 보람 때문이란 생각이 듭니다. 무언갈 하는 과정이 재밌거나 보람차다면, 특별한 보상이 없더라도 시작하고 계속할 수 있다는 생각이 들어요. 과정 자체가 보상이니까요. 재미와 보람이 모두 있다면 완벽하지만 둘 중 하나만 있어도 충분히 좋더라고요. 이름과 특성을 외우고, 농작물에 발생하는 식물병의 원인을 알아가고, 농약의 잔류독성을 이해하는 과정은 보람찼어요. 내내 수풀집 텃밭을 떠올려서일 거예요. 사진으로만 봤던 문경 그리고다의 텃밭을 상상했기 때문이기도 할 거고요. 문제집에서 광대나물과 쇠비름을 마주할 때마다 어찌나 반갑던지요. 작가님이 알려주신 쇠비름은 시험에 자주

나오는 잡초였어요. 그때마다 작가님의 얼굴을 떠올렸답니다.

작가님의 지난 편지는 아주 여러 번 읽었어요. 이 편지를 쓰면서도 거듭 읽었습니다. 어떤 일에 목소리를 내는 데 얼마나 큰 용기가 필요한지 알고 있어요. 저는 그런 용기가 없어서 항상 어정쩡한 지점에 머물곤 하거든요. 무력함을 지나 무관심과 냉소로 향하지 않고, 단호한 목소리를 담은 편지를 보내주셔서 감사해요. 덕분에 저도 슬그머니 그 옆자리에 가 앉을 수 있겠어요. 용기와 솔직함으로 만든 그 자리요.

저는 꼭 필요한 상황이 아니면 채식을 한다고 밝히지 않아요. 채식을 시작한 지 얼마 안 됐을 때 이런 얘기를 너무 많이 들었거든요.

"채식하면 날씬하고 피부도 좋다는데…" (왜 갑자기 말을 줄이시는 거죠?)
"채식을 해서 그런가? 전보다 예민하고 깐깐해졌어!" (예전부터 그랬는데요)
"채식한다면서 생선이랑 우유를 먹어요?" (채식에도 여러 단계가 있어요)

김미리

오래 지나지 않아 알게 되었습니다. 이런 질문들은 제 답을 요구하는 게 아니라는 걸요. 채식을 한다는 걸 굳이 밝히지 않게 된 이유 중 하나입니다.

저는 몇 년 전 우연히 채식을 시작했어요. 여느 때처럼 치킨을 배달해서 치맥타임을 즐기던 날이었어요. 치킨 날개를 맛있게 먹고 있는데, 소망이가 옆에 와서 기웃거리는 거예요. 소망이가 아가 고양이던 시절이라 호기심이 많았거든요. "사람 먹는 건 소망이 안 돼", 하고 소망이를 잡았어요. 그때 잡은 소망이 다리 감촉이 다른 한 손에 쥐고 먹던 치킨의 뼈 느낌과 너무 비슷한 거예요. 놀라서 치킨을 내려놨습니다. 그게 제 마지막 치킨이자 채식의 시작이었어요.

보통 '채식=비건'이라고 생각하는데, 저는 비건은 아니에요. 돼지, 소, 닭 등 모든 육류는 먹지 않지만 동물이 생산해 내는 유제품과 어류는 먹습니다. 페스코(페스코 베지테리언)라고 불려요. 많은 채식주의자들이 완전 채식(비건)으로 가는 과정에서 페스코를 거치는데 저는 몇 년째 계속 페스코에 머물러 있어요. 육류를 먹지 않는다는 핑계로 어류와 유제품을 더 많이 소비하는 날도 있습니다. 종 차별에 반대하고 자연에 도움이 되기 위해 채식을 하면서 다른 동물의 알과 젖, 물살이를 먹는다는 사실에 죄책감을 느끼고 괴로워하기도 해요. 이 또한 제가 채식을 한다고 밝히지 않는 또 다른 이유입니다. 그렇지만 이제 용기 내어 말해볼래요.

"저는 유연한 채식을 꾸준히 해나가고 싶어요."

저는 자주 비건 라면을 주문하지만, 논 비건 라면도 먹습니다. 스프에 들어있는 동물성 재료들을 인지한 채 그냥 먹어요. 식당에서 동물성 재료를 확인하고 빼주실 것을 요청하지만, 나온 음식에 동물성 재료가 섞여 있다면 음식을 거부하거나 버리지 않고 감사히 먹습니다. 단체 회식이나 모임이 고깃집에서 진행되는 경우에도 거절하지 않고 가요. 메뉴나 반찬에서 제가 먹을 수 있는 음식을 찾거나 시원한 맥주로 배를 채우고 돌아옵니다.

제가 선택한 채식이, 아직 채식을 선택하지 않은 다른 이에게 불편함과 죄책감을 주지 않길 바라고 있어요. 가끔 저와 한 끼를 나누기 위해 채식을 선택해준다면 저는 그것으로 충분히 기쁘고 보람차니까요. 저는 그 한 끼 한 끼가 사라지는 게 아니라 쌓이고 있는 거라고 믿어요. 그러다 어느 날 채식을 시작했다는 연락을 받으면 신나게 밥상을 차려요. 그건 진짜 신나고 재밌는 일이더라고요.

김미리

그러고 보니 제 채식 생활 역시 재미와 보람 덕택에 계속되고 있네요. 요즘 작가님의 재미와 보람은 무엇인지 궁금해집니다. 그 답은 9월다운 바람과 함께 도착했으면 좋겠네요. 오늘의 바람은 청소년 드라마에 나오는 반항아 같거든요. 도대체 나다운 게 뭔데? 도대체 9월다운 게 뭔데!

9월
여전히 수험생인 김미리 드림

추신. 이렇게 편지를 쓰고 나면 제가 시험에 합격했다고 오해하실까봐 덧붙입니다. 필기시험이 끝났고 아직 실기시험이 남아있습니다. 실기시험은 아직 접수 시작도 하지 않았답니다.

작가님, 어느덧 완연한 가을입니다. 추위가 빠르게 찾아오는 북향의 그리고다에서 제법 두툼한 니트와 바지를 입고 편지를 씁니다. 앞서 편지에 날씨 이야기가 혹 식상하진 않을까 걱정하셨는데, 9월에 제가 교통사고를 겪다보니 날씨 이야기를 하며 무탈히 안부를 물을 수 있다는 사실만으로도 감사한 마음이에요.

작가님에게도 이런 서늘한 계절이 왔을까요? 저는 병원에 있던 시간이 길어 기온 외에 계절 변화를 크게 느끼지 못했는데, 퇴원 후 어둠이 내린 그리고다에 불을 켜두어도 창문에 날벌레가 달라붙지 않는 걸 보며 비로소 가을이 왔음을 느껴요.

작가님의 지난 편지에 답을 하려니 조금 어려운 마음이 들었습니다. '나에겐 어떤 재미와 보람이 있었지?' 떠올려도 선뜻 떠오르는 게 없었거든요. 솔직히 말하면 저는 '돈'으로 치환되는 것 이외에는 관심이 없었던 것 같습니다. 만화를 그려서 돈이 되면 그게 재미이자 보람이었습니다. "내 그림이 돈이 된다고?!"라며 놀랄 때마다 희열을 느꼈고, 프리랜서로서 자생력이 생긴 것 같아 기뻤습니다.

어떻게든 돈이 되게 하려고 눈에 불을 켜고 기회를 쫓아다녔어요. 돈이 안 되면 재미도, 보람도 없었지요. 돈이 되지 않아도 재미와 보람을 느낀 적이 있지만 그 역시 언젠가 돈이 될 거란 기대로 했던 일이라 순수한 재미와 보람은 아닌 것 같아요.

지난 편지에 담긴 호기심과 즐거움은 조금 생소하게 느껴지기도 했어요. 동시에 편지를 읽을수록 돈이 안 돼 무용하다 생각했던 일들이 어떤 멋진 일을 만들어낼지 상상되며 제 지난날이 떠올랐습니다.

2018년 식목일 전후였던 것 같아요. 시골에 내려가 살기로 결심했을 즈음이었죠. 서울에서 문경으로 내려와 그리고다에 심을 나무를 사러 근처 농원에 들렀습니다.

농원 사장님께서 울타리용으로 좋은 쥐똥나무를 소개해주셨어요. 저와 동생은 그 나무로 옆집 어르신 댁과 저희 집 사이에 경계를 칠 예정이었지요. 오랜 시간 서울에 살며 도시의 익명성을 사랑하던 저는 옆집 어르신 댁 창문 너머로 저희 집 텃밭과 마당이 훤히 보인다는 게 불편하던 차였습니다. 스무 그루 정도 사니 사장님이 수국 나무 하나를 가져가라며 덤으로 주셨어요. 회사원 시절, 지하철 역사의 꽃집에서 볼 때마다 참 예쁘다고 생각하면서도 비싼 가격에 선뜻 손이 가지 않던 꽃인데 그리고다에서 주렁주렁 달릴 모습을 상상하니 신나서 냉큼 받아들었습니다.

그 길로 그리고다에 들어와 힘차게 경계를 치기 시작했어요. 옆집 벽에 나란히 줄을 맞춰 삽질을 했습니다. 허벅지까지 오는 작은 친구들이었지만 어서 제 키만큼 자라 프라이버시를 지켜주길 바라며 깊게 파서 심고 물도 흠뻑 주었습니다. 덤으로 얻은 수국 나무도 뒷밭 한자리를 차지했죠.

그게 얼마나 무지한 일이었는지는 몇 가지 사건이 있고 난 후에야 알게 되었어요. 요즘도 가끔 일어나는 정전과 단수가 처음 일어났을 때였지요. 도시에선 인터넷이 한 시간만 끊겨도 난리가 나지만 몇 가구 없는 시골에선 인터넷은 고사하고 물과 전기가 끊겨도 평온하더라고요. 오히려 어르신들은 절약하시는 게 몸에 배어 물이나 전기가 끊긴 사실을 한참 뒤에야 알게 되실 때가 많았죠. 화장실 물이 내려가지 않으면 난리가 나는 저와 동생과 달리 어르신들은 "이장한테 말해 놨으니 기다리면 고쳐지겠지~" 하시곤 느긋하게 수돗가에 모아둔 물을 쓰고 외부의 재래식 화장실을 이용하셨어요.

이런 시골에서 전기나 물이 끊기면 몸 닳는 사람은 저와 동생이었어요. 뭐가 안 될 때마다 옆집 어르신께 쪼르르 달려가 "할머니 물이 흙탕물이에요" "할아버지 물이 안 나와요" 하면서 아쉬운 소리 할 때가 많았습니다. 단수나 정전 문제뿐만 아니라 마을 물탱크 청소나 마당 한 편의 정화조 청소

업체를 찾는 일처럼 생전 처음 보는 일들을 대할 때도 쪼르르 어르신 댁을 찾아야 했고요.

문제가 생길 때마다 찾아오는 옆집 아가씨들이 염치도 없이 쥐똥나무로 어르신의 조망권을 해치고 있으니 참 야속하셨을 거예요. 내심 얼마나 섭섭하셨을까요? 어느 날 우연히 건넛마을 어르신께 "마당에 나무 그렇게 심으면 안 돼~"라는 말을 듣고 너무나 창피하고 죄송해서 쥐똥나무를 다 잘라내버렸어요.

문제는 쥐똥나무의 생명력이 광대나물 저리 가라였단 거예요. 거기다 제가 얼마나 깊이 심었는지. 뿌리가 너무 깊어 잘라내고 잘라내도 바닥에서 계속 새 줄기를 내더라고요. 덕분에 저는 손이 바들바들 떨릴 때까지 쥐똥나무 톱질하는 헛일을 2018년 이후 매 분기마다 하고 있습니다.

참 당연한 배려인데 시골에 내려오기 전 내내 도시에만 살던 저는 몰랐어요. 시골에선 함께 살아갈 수밖에 없다는 것을요.

부끄럽지만 저의 무지는 여기서 끝나지 않습니다. 뒷밭에 심은 수국은 심을 때부터 제법 큰 상태여서 이듬해 봄에 바로 뽀얀 꽃을 피웠어요. 뒷집 할머니는 왜 저 열매도 안 달리는 나무를 밭 한중간에 심었냐고 하셨지만 빼곡하게 난 뽀얀 수국이 너무 예뻐 개의치 않았죠. 그렇게 핀 수국이 지고, 그해에만 제 키를 훌쩍 넘도록 폭풍 성장하자 문제가 생겼어요. 이상하게 이 수국 나무의 줄기는 옆으로 퍼지지 않고 한없이 위로 쭉쭉 올라갔고, 이파리만 남은 풍성한 수국 나무의 그림자로 인해 뒷밭에 심었던 다른 작물이 웃자라거나 볕을 못 봐 죽게 된 것이지요. 이듬해부턴 꽃이 지고 나면 쥐똥나무와 함께 정리하게 되었어요.

몇 년 후 봄, 동그랗게 무리 지어 핀 수국이 예뻐 인스타 스토리에 올리니 한 독자님께서 말씀해주시더라고요.

"작가님… 그거 수국 아니고 불두화예요."

'망할, 가뜩이나 뒷밭 농사를 망하게 하는 나무였는데 이게 내가 알던 수국이 아니고 불두화였다니.' 어쩐지 이상하게 봄에 피고 흰 꽃잎만 나온다고 했어요. 그쯤 되니까 저 얄미운 불두화나무를 몽땅 뽑아내고 상추나 심어야겠단 생각이 들더라고요. 그래서 뽑으려고 하는데 역시나… 제가 참 튼튼하게도 심었더라고요.

그러다 작가님 인스타에서 불두화 이야기를 보게 됐어요. 뭉게뭉게 핀 이웃집 불두화 담장이 부러워 수풀집이 생기고 가장 먼저 심으신 나무가 불두화였단 내용이었지요.

분명 같은 불두화나무인데 작가님 댁에선 매년 복슬복슬 꽃 피울 때마다 사랑받고, 성하지 않으면 걱정을 사는 반면 여기 그리고다에선 아무 죄도 없는데 분기마다 멀쩡한 가지가 잘리도록 미움을 사고 있었어요. 제 무지 때문에요. 좀 더 고민하고 세심하게 살펴봤더라면 생기지 않았을 일을 돈 주고 힘 써가며 하고 있었던 거죠.

작가님의 피드를 보며 후회한 게 한둘이 아니에요. '좀 더 멀리 볼 걸, 뭐가 그리 급해서 일단 저지르고 본 걸까? 미리 작가님은 일주일에 이틀을 시골에 머물고 나는 일주일에 이레를 머무는 데도, 왜 저런 생각을 못 했을까?' 하고요. 작가님과 이렇게 편지를 주고받고 일상을 공유하며 가까이서 보니 그건 단순히 시간의 문제가 아니라 마음의 문제더라고요.

궁금하고 답답해서 자발적으로 찾아 나서는 작가님의 마음에서 발견되는 일이었어요. 그래서 누군가 알려주지 않고서야 귀한 걸 귀하게 볼 시선이 없는 제게 작가님의 일상 이야긴 소중한 가르침이 될 때가 많아요.

며칠 전엔 작가님이 마당 한 편에 심었다는 대추나무 이야기를 봤어요. 이맘때 똑똑 따먹으려고 심으셨다는 초록빛 대추가 얼마나 아삭하고 달달해 보이는지, 매년 9월이면 맛

좋은 초록 대추를 마음껏 드시겠구나, 하는 마음에 무척 부러워졌습니다.

또 한 번 생각했습니다. 그 부러움은 해소될 수 있는 게 아니란 걸요. 만물이 궁금해 이름을 찾아보고, 만져보고, 용도를 찾아 이리 쓰고 저리 써보며 재미와 보람을 느끼는 작가님만이 터득할 수 있는 삶의 요령일 테니까요. 그런 분이 이제 식물보호산업기사 공부까지 시작하셨으니, 작가님의 이야기가 얼마나 더 다채로워질지 벌써 기대가 됩니다. 염치없지만 저는 그 옆에서 작가님의 언어로 쓰일 식물 이야기를 보며 배워가려고 해요. 만물에 시큰둥한 저라도 작가님 곁이라면 계속 깨달을 테니까요.

우리가 말하는 재미와 보람은 어떤 일을 할 때 스스로 의미를 찾을 수 있는 일 같아요. 제게 있어 재미와 보람이 무엇일지는 아직 잘 모르지만, 생각 없이 저지르고 후회하는 사태를 막기 위해 저도 제 주변의 것들을 관심 있게 지켜봐야겠어요.

이 편지를 쓰면서 지난 분기에도 무참히 베어진 쥐똥나무와 불두화나무를 보고 왔어요. 참 고맙게도 베인 가지 옆으로 풍성한 가지를 또 내어주었더라고요. 다음 분기엔 너그러운 마음으로 진정한 가지치기를 해줄 수 있을 것 같아요. 미움받지 않고 예쁜 꽃 마음껏 피우며 잘 자랄 수 있도록.

    작물을 보는 제 시야도 금세 이렇게 달라졌네요. 작가님 덕분이에요, 고맙습니다.

9월

수풀집 일상 수강생 귀찮 드림

아까는 침실에 누워 창밖 호두나무가 바람에 흔들리는 모습을 가만 바라보고 있었습니다. 그러다 마당에서 작은 인기척이 느껴져 얼른 현관으로 달려 나갔어요. 수풀집은 인터폰도, 초인종도 없는 집이라 낮엔 대체로 대문을 열어두거든요. 손님들은 앞마당에 서서 "계세요?"를 크게 외치거나 (일부러) 큼큼 헛기침 소리를 내어 집주인을 찾는 수밖에 없습니다. 제 예상대로 마당에는 손님이 와 계셨어요. 김이 나는 소쿠리를 손에 든 마을 어르신이요. 어르신과 반갑게 인사를 나누고 몇 마딜 주고받다보니 소쿠리는 어느새 제 손으로 옮겨와 있었습니다. 아가씨 입맛에는 어떨는지 모르겠다는 말과 함께요.

어르신과 뒷마당을 둘러보며 이런저런 이야기를 나눴습니다. 연보랏빛 꽃을 풍성하게 피운 층꽃을 자랑하고, 요즘 제 속을 썩이는 새로운 잡초 '개여뀌'의 존재도 일러바쳤어요. 한참 웃으며 이야기를 나누다 웃음이 잦아들었을 때 어르신이 조심스레 입을 떼셨어요.

"저기… 고양이들 밥 말이야. 이제 주지 말어. 응?"

어르신의 시선이 마당 한 편의 고양이 밥그릇에 닿았습니다. 동네 고양이들을 위해 마련한 고양이 급식소에 말입니다.

고양이들이 가을 농사가 한창인 텃밭을 헤집어 놓는 데다 여기저기 똥오줌을 누고 다녀 고생이 이만저만이 아니라는 말씀을 덧붙이셨습니다. 제가 없는 날, 그러니까 마당 급식소에 밥이 떨어진 평일에는 고양이들이 텃밭에 오지도, 말썽을 부리지도 않는다는 이야기도요. 저는 당황해서 어쩔 줄 모른 채 허허 웃다가 어르신을 대문 앞까지 배웅하고 들어오는 길입니다.

    이 마음을 어쩌면 좋을까 고민하다 컴퓨터 앞에 앉았습니다. 혼자 끙끙대지 않고 작가님께 편지를 적기로 했어요. 시골에 살아서 좋은 순간도 많지만 시골에 살기 때문에 겪는 슬픔도 적지 않다고 스치듯 말했을 때, 고갤 끄덕이던 작가님의 얼굴이 떠올랐거든요. 요즘은 슬픔을 나누면 반이 되는 게 아니라 슬픈 사람이 둘이 된다고 한다면서요? 그래서 조금 망설였어요. 작가님이 잘 감당하고 있는 시골살이의 슬픈 단면을 제가 풀무질하는 게 아닌가 싶어서요. 그러다 생각했습니다. 함께 길 잃은 슬픔 속을 손잡고 헤매다보면 다른 감정으로 나아가는 길이 보이지 않을까. 그러니까 이 편지는 제 시골살이의 슬픔 속을 함께 헤매보자는 일방적 초대입니다.

    어르신이 무슨 말씀을 하시는지 잘 알고 그 입장을 이해합니다. 고양이들이 수풀집에서도 꽤 말썽을 부리거든요. 애지중지 키운 꽃의 꽃대를 똑 부러뜨리기도 하고, 돌담 옆 작은 구멍을 출입구로 사용하다가 담장 일부를 와르르 무너뜨리기도 합니다. 막 씨를 뿌린 텃밭을 헤쳐 놓기도 하고, (인간 기준) 그래선 안 되는 곳에 당당히 똥을 싸놓기도 합니다. 저는 주말 이틀만 이곳에 머물고, 농사를 생업으로 하지 않는데도 고양이들의 말썽이 종종 버거워요.

마을 어르신들은 오죽하실까요. 곳곳에 논과 밭을 돌며 종일 힘들게 일하고 돌아왔는데, 집 앞 텃밭 마저 고양이들이 엉망으로 만들어 놨으니 말이에요. 고양이들이 나타나면 소리 지르고 발을 굴러 쫓아내시는 마음… 모를 수가 없죠.

어르신이 어쩌다 이 이야기를 꺼내신 것이 아니라는 것도 알고 있어요. 맘속으로 몇 번이나 생각하시다 소쿠리에 따순 음식을 담아 애써 발걸음하셨을 거예요. "네, 이제 안 줄게요" 시원하게 답할 수 있다면 좋을 텐데, 어색한 표정으로 허허 웃으며 "이제 조금만 줄게요" 답하고 배웅했습니다. 제 슬픔의 기원은 '이제 고양이 밥 주지 마라'는 어르신의 말씀이 아닙니다. 이런 일이 처음도 아닌 데다 어르신의 마음도 충분히 이해하니까요. 제가 슬픈 것은 저 때문이에요. 어르신의 고단함을 아는 제 마음, 그럼에도 어쩔 수 없이 사료를 부어주는 제 마음때문이요.

김미리

이곳에서 처음 만난 고양이는 까만 고양이 '구석이'예요. 폐가였던 수풀집의 리모델링 공사를 막 시작했을 때 마당 구석에서 나타나 구석이라 이름 붙였어요(저는 모든 존재들에게 이름을 붙여야 속이 시원한 작명 애호가거든요). 가방에 있던 구운 달걀 하나를 잘게 잘라줬더니 허겁지겁 먹고 사라졌어요. 그 뒤론 한 번도 보지 못했습니다. 당시엔 몰랐는데 무너지고 망가진 수풀집이 구석이의 집이었던 게 아닐까 싶어요. 공사를 시작하며 사람들의 발길이 잦아지니 어쩔 수 없이 영역을 떠난 것이라고 추측합니다. 동네 고양이들에게 사료를 부어주고 마당 한 편을 고양이의 출산과 육아를 위해 내어주는 이유는 그 때문입니다. 저보다 먼저 그들의 조상들이 이곳에 살고 있었으니까요. 그들이 수풀집에 침범한 게 아니라 제가 그들의 삶에 침입한 침입자니까요.

고양이들에게 밥을 주기 시작하면서 여러 걱정도 생겼습니다. 일주일에 겨우 이틀, 비정기적으로 밥을 주는 게 과연 고양이들에게 이로운 일일까. 자연 생태계에 개입하여 균형을 망가뜨리는 게 아닐까. 중성화 수술까지 해줄 여력은 없는데 개체 수가 너무 늘어나지 않을까. 고양이를 싫어하는 이웃들도 있을 텐데, 피해를 주거나 다툼이 생기지 않을까. 만약 마당에서 아픈 고양이를 마주치면 내가 감당할 수 있을까.

밥을 주고 이름을 붙이는 일에는 수많은 걱정과 책임감

이 따라왔습니다. 어느 밤엔 그 감정들이 저를 집어삼키기도 했습니다. 한동안은 매정하게 밥 주기를 멈추기도 했어요. 그러다 마당에서 앙상한 몸을 웅크리고 앉아있는 고양이를 마주치는 날엔 무척 속이 상했습니다. 통통한 몸을 주욱 펼친 채 침대에서 쿨쿨 자고 있는 소망이와는 너무 대조적인 모습이라서요.

그런 제가 마음을 정한 것은 지난 겨울입니다. 매서운 추위가 두꺼운 패딩 속까지 파고들던 날이었어요. 여섯이었던 아기 고양이 형제가 둘이 되어 나타났습니다. 손바닥만 한 고양이가 의지할 곳이라곤 꼭 저만한 형제 고양이의 체온뿐인 것 같았어요. 순간 길에서 겨울을 나는 고양이를 고통스럽게 하는 것은 배고픔이 아니라 탈수라는 말이 떠올랐습니다. 얼른 물을 준비해 나왔는데, 얼마나 추웠던지 물에 금방 살얼음이 끼었어요. 저는 소망이의 사료 중 가장 고영양인 사료를 꺼내왔습니다. 사료를 주고 멀찍이 물러서자 둘 중 먼저 용기를 낸 고양이가 달려와 맛보고는 다른 고양이를 향해 삐약거리기 시작했어요. 이리 와서 같이 먹잔 신호 같았습니다. 쭈뼛쭈뼛하던 형제 고양이도 곧 달려왔거든요.

대접에 째끄만 머리를 박고 정신없이 사료를 먹는 두 고양이를 보며 생각했습니다. 작은 고양이들에게는 매일이 삶과 죽음의 기로겠구나. 작가님, 저는 이 작은 고양이들을 다음 주에도 만날 수 있기를 간절히 바랐습니다. 죽고 사는 일은 제가 어찌할 수 없는 일이란 생각을 하면서도요. 그때 결심했어요. 그저 제가 할 수 있는 일을 하자고요. 추운 겨울날 한번씩 더운 물을 부어주는 일, 어떤 주말은 고양이가 쉽게 얻는 밥을 주는 일을요.

그 뒤로 몇몇 고양이들이 수풀집 마당을 오갔습니다. 예고 없이 불쑥 찾아온 것처럼 작별 인사도 없이 홀연히 사라졌어요. 저희 집에 사람 기척이 나면 제일 먼저 달려오던 짜장이는 언젠가부터 수풀집으로 놀러 오지 않습니다. 누군가 놓은 덫에 고양이 한 마리가 걸려 죽었다는 소식을 전해 들었습니다. 비 오는 날 마당에서 쓰러진 채 발견된 희망이는 제 침실에서 고양이별로 떠났습니다. 어떤 녀석은 도시로 입양을 가기도 했지만 많은 고양이들이 이곳에서 다치고, 아프고, 죽습니다. 특히 아기 고양이일 때는요. 여섯에서 둘이 되어버렸던 고양이 형제는 어느 날 모두 사라졌습니다.

자연 자체도 험하지만 사람들이 농사를 위해 논밭에 뿌리는 화학약품들이 큰 위협이 되는 것 같아요. 자연 상태에서 고양이가 사냥할 다른 동물들을 인위적으로 소멸시키는데다 고양이도 농약에 중독시켜 죽게 만드니까요. 로드킬도 적지 않고요. 어렵게 살아남아 성묘가 되어도 한 영역 안에서 여러 고양이가 평화롭게 지낼 수는 없습니다. 고양이들은 자주 영역싸움을 하고, 싸움에서 진 고양이는 다쳐서 죽거나 새로운 영역으로 이주해가요.

수풀집에는 여전히 여러 동물들이 오가고 있습니다. 동네 고양이들을 비롯해서 땅속을 오가는 두더지, 가끔 처마 밑에 둥지를 트는 딱새와 제비 가족, 돌담에서 튀어나와 저를 놀라게 만드는 뱀, 화단과 텃밭을 찾아드는 수많은 곤충들까지요. 저도 그들 중 하나입니다.

대문 밖에는 더 많은 동물들이 있어요. 산에서 비명을 지르는 것처럼 우는 고라니(처음엔 '웬 여자가 이 밤에 소릴 지르지?' 생각했어요), 가끔 산 아래로 내려와 텃밭의 작물들을 서리해가는 오소리(저희 집 작물들은 탐내지 않는 것을 보니 앞으로도 농부로서 더욱 정진해야겠다는 생각이 듭니다), 마을 하천에서 만나는 백로(왜가리, 두루미, 황새일 수도 있어요. 만날 때마다 그 차이점을 인터넷에 검색해보기는 하는데요. 매번 잊고 그냥 '백로다!' 하게 됩니다). 그렇지만 가장 흔히 보는 동물은 개입니다. 도시에서나 시골에서나 다르지 않은 것 같아요. 하지만 시골 개들은 도시에서 보던 친구들과는 너무 다른 모습으로 삽니다. 그것이 또 다른 제 슬픔입니다.

김미리

이곳의 많은 개들은 뜬장에 삽니다. 뜬장은 말 그대로 공중에 띄워진 장이에요. 얇은 철망으로 만들어진 네모난 장이요. 뜬장에 사는 개들은 편히 설 수도 앉을 수도 없습니다. 철망이 발바닥을 파고들어 깊은 상처를 냅니다.

사람들이 뜬장에서 개를 키우는 이유는 매일 똥오줌을 치우지 않아도 되기 때문이래요. 뜬장 아래는 개가 싼 똥이 쌓이는데 그마저도 치워주지 않아 뜬장의 위로 솟아오르고, 습한 날엔 곰팡이가 피기도 해요. 개는 그곳에서 밥을 먹고 잠을 자요. 여름엔 더위, 겨울엔 추위와 싸우면서요.

어느 날 홀연히 사라지기도 합니다. 그 자리는 새로운 개로 채워져요. 작가님이 사시는 그리고다 근처에는 부디 이런 장면이 없기를 바라고 있어요. 시골에 산다는 건 이런 모습을 자주 마주하는 일이라는 걸 알고 있지만 너무 가까운 곳에 있어 작가님이 매일 슬프지 않기를요. 마루와 함께 뜬장에 사는 개를 지나치는 일이 없기를요.

지난달, 작가님의 교통사고 소식을 듣고 왈칵 눈물이 쏟아졌습니다. 무사하셔서 다행이에요. '죽었어도 이상하지 않을 사고였다'라는 작가님의 말을 듣고 나서, 그 눈물의 의미가 두려움이었다는 것을 뒤늦게 알았습니다. 산다는 것은 잘 떠나보내는 법을 배우는 과정이 아닐까 싶을 정도로 우리 곁에 이별이 많이 쌓이잖아요. '만나는 사람은 줄어들고 이별은 늘어간다'*는 노랫말처럼요. 특히 삶과 죽음은 인간이 어찌할 수 없는 것을 알면서도 소중한 이들만은 제 곁에 오래오래 머물러주기를 바라게 됩니다. 이제 다시 태어난 것과 같으니 다음에 만나면 케이크를 먹자는 작가님의 카톡을 보며 웃을 수 있어 정말, 진심으로 기쁘고 행복해요. 우리 맛있는 케이크 먹으러 가요.

저는 이따 오후에도 뜬장에서 지내는 동네 개, 하꼬(가명)와 산책을 다녀올 거예요. 산책을 나설 때마다 이게 정말 하꼬를 위한 일일까 생각합니다. 잠시의 행복일 수도 있지만, 오히려 다시 갇히는 고통을 주는 일이 될 수도 있으니까요. 그러면서도 또 가요. 오늘이 하꼬와의 마지막 산책이 아니기를, 오늘 저와 걷는 길이 하꼬가 만난 세상 전부가 아니기를, 이 가을이 하꼬의 마지막 가을이 아니기를 바라면서요.

하꼬와 산책하며 둘러보니 벼 이삭이 고개를 푹 숙였습니다. 황금빛 들판이라는 표현에 딱 어울리는 풍경이에요. 좀 더 다가가 자세히 보니 통통한 벼 이삭에 까만 것들이 매달려 있습니다. 이삭누룩병이었습니다. 이삭이 패고 여물 때 다습한 환경이 지속되면 이삭누룩병에 걸리기 쉽다고 했어요.**

---

* 선우정아, 〈그러려니〉
** 이삭누룩병의 또 다른 원인인 종자 문제, 질소비료의 과잉일 수도 있지만요.

올해 유난히 비가 많이 내린 영향이 아닐까 조심스레 추측해보았습니다. 수확을 앞둔 농부들의 마음이 어떨까 생각하니 발걸음이 무거워지더군요. 황금빛으로 일렁이는 아름다운 논을, 가까이서 바라보니 이런 게 보이는구나 싶었어요.

> 제 슬픔도 그런 게 아닐까 싶습니다. 자연과 함께하는 아름다운 하이라이트가 있으면 때때로 슬픈 비하인드도 생겨나는 것이겠지요. 작가님의 비하인드 또한 환영합니다. 대나무 숲이 필요해지시면 잊지 말고 저를 찾아주세요. 음수에 음수를 곱하면 양수가 되는 것처럼, 슬픔을 곱하면 위로가 될지 몰라요. 슬픔의 연대는 더하기가 아니라 곱하기라 믿고 싶습니다. 그러니 힘들고 슬픈 이야기가 떠오르시더라도 무람없이 전해주세요.

10월

케이크 맛집을 찾아보며, 김미리 드림

안부를 묻는 마음

어둑했던 마을에 따스한 햇빛이 땅을 데우기 시작할 무렵, 바둑이네 할머니(할머니 댁 강아지 이름이 바둑이에요)가 누군가를 부르며 밭으로 갑니다.

"이리 와, 이리 와."

마침 마당을 쓸고 있던 제 귀에도 할머니의 말소리가 담 너머 들려요. 그럼 저는 고개를 숙인 채 은밀하게 걸어가 담에 난 조그만 창문 위로 빼꼼히 고개를 듭니다. 이 장면을 보기 위해서요.

귀찮

작은 인기척에도 소스라치게 놀라는 고양이들 때문에 사진으로 한 장도 남기지 못했지만 제 마음속에는 지금도 선명하게 보이는 장면이에요. 아름답죠? 누가 가르쳐준 것도 아닐 텐데 일렬종대로 할머니의 보폭에 발맞춰 따라가는 고양이들. 제가 다가가면 재빨리 흩어지는 아가들이 할머니가 "이리 온나~" 하고 다시 걸어가면 여기저기서 재빨리 일렬로 모여요. 할머니가 밭에서 흙을 만지는 동안 이쪽 밭 저쪽 밭에서 곤충, 풀과 신나게 놀다가 할머니가 일어서면 다시 모여 쫄래쫄래 따라가지요. 이 고양이들은 할머니 댁 마당 곳곳을 제 집처럼 누벼요. 지나갈 때마다 마당 한중간에 배를 내고 누워있거나 식빵을 굽는 모습을 쉽게 볼 수 있죠. 이곳의 고양이들이 처음부터 이렇게 팔자가 좋았던 건 아니에요. 영리한 고양이 '나비' 덕분이었어요.

슈퍼집 할머니(지금은 운영하지 않으시지만 모두가 슈퍼집이라고 불러서 저도 그리 부르게 되었어요)댁 주변엔 늘 뚱뚱한 고양이 한 마리가 있었어요. 허리를 다쳐 한 걸음 내딛는대도 5분은 족히 걸리는 슈퍼집 할머니가 지팡이를 짚고 대문을 나서 발치에 닿을 평상으로 아주 천천히 몸을 움직이며 "나비야~" 하고 부르면 어디선가 쏜살같이 달려오는 고양이였죠. 앙칼진 저희 집 강아지 마루가 다가가면 보통의 고양이들은 내빼고 없는데 나비는 달랐어요. 왈왈 짖는 마루가 싫긴 해도 할머니가 부르면 곁에서 자리를 지키는 늠름한 친구였죠.

나비는 오로지 슈퍼집 할머니가 불러야만 어디서든 쏜살같이 튀어나와서 마을 할머니들이 참 기특하다고 했어요. 슈퍼집 할머니는 그런 나비가 예뻐서 매일 나비의 밥을 챙겨주러 나오셨고, 그 김에 평상에 앉아 마을 할머니들과 담소를 나누셨지요.

어느 날 마을의 한 어르신 댁 고양이가 새끼를 여덟이나 낳았단 소문이 돌았어요. 여느 해와 달리 그해 마을 할머니들은 그 고양이들을 모두 분양받기에 이르렀죠. 영리하고 순한 나비 덕분에 할머니들이 고양이의 매력에 단체로 푹 빠지게 되었거든요. 그렇게 마을 어르신 사이에 '1집 1고양이' 바람이 불었습니다. 바둑이네 할머니는 물론이고, 앞집 할머니가 분양받은 고양이도 꼬꼬마 시절부터 할머니의 마당 동선을 따라 쫄래쫄래 따라다녔어요. 고양이들이 어찌나 할머니들을 잘 따르는지 개냥이 DNA가 있었던 건 아닐까 생각했죠.

곰곰이 생각해보니 그건 영리하고 귀여운 고양이, 나비와 슈퍼집 할머니가 한 일이었어요. 사람도 동물도, 눈빛만 보면 직감적으로 알잖아요. 이 사람이 나를 좋아하는지 싫어하는지. 나비가 슈퍼집 할머니와 지내는 모습을 보며 마을 할머니들 마음속 고양이에 대한 철옹성이 무너지자 지나가는 고양이들에게 보내는 시선이 살가워질 수밖에 없던 거죠. 덕분에 여기 산북의 고양이들이 유독 어르신을 잘 따르게 됐고, 제 일상에서 귀여운 장면을 자주 볼 수 있게 된 거예요.

몇 달 뒤 산책길에 낯익은 고양이가 마을 입구의 도로 옆에서 자고 있었어요. 인기척에도 계속, 계속요. 고양이의 표정이 너무나 편해서 정말 자는 것 같았어요. 실은 잠든 것이길 바랐어요. 배의 움직임이 전혀 없었지만 죽었다기엔 피를 머금지도 않고, 어디 하나 다친 곳 없이 하얗고 까만 털이 반짝이고 있었거든요. 문득 동생이 로드킬당한 고양이를 수습할 때마다 해준 이야기가 떠올랐어요.

"죽은 지 얼마 안 돼서 아직 따뜻한데 너무 가벼워."
"죽은 지 오래돼서 굳었어."
"딱딱하고 무거워서 옆으로 밀어뒀어."

그저 먼 발치에서 보기만 했는데도 그런 이야기는 잔상이 참 오래갔어요. 고양이의 배가 움직이지 않는다는 걸 확인한 뒤, 비겁하게도 그 잔상이 먼저 떠올라 머뭇머뭇거렸죠. 그 순간 익숙한 목소리가 들렸어요.

"나비야~"

슈퍼집 할머니가 평상에 앉아 있었어요. 이틀째 나비가 불러도 안 온다고. 마을 사람들이 저기에 나비가 죽은 것 같다 이야기한다고. 차에 치여 죽은 게 아니고 산책을 가다가 죽을 때가 되어서 편안하게 갔다는데, 몸이 이래서 확인하러 갈 수도 없다고 하셨어요. 저에겐 뛰어서 일 분이면 가는 거리가 할머니에겐 가다 쓰러질 수도 있는 거리였으니까요. 혹시나 그 고양이가 나비가 아닐 수도 있으니 불러보는 거라고 하셨어요.

집에서 평상까지 일 미터가 채 안 되는 거리도 어렵게 움직이던 할머니는 그날 이후 더 평상에 자주 나오지 못하셨어요.

시간이 많이 흘렀지만 그날 나비의 모습은 계속 떠올라요. 편안해 보였던 얼굴 너머로 정말 편안하게 갔을까, 하는 의문이 드는 건 도로 위에서 다치거나 죽은 동물들을 수없이 봐왔기 때문이에요. 고양이뿐만 아니라 고라니와 사슴, 너구리, 개, 뱀, 수달, 어떤 동물인지, 하나였는지, 둘이었을지 알아볼 수조차 없는 피투성이 잔해들까지. 도심에서 한참을 들어와야 하는 깊은 시골이라 그럴까요? 하루에도 몇 번씩 보이는 로드킬을 보며 생각해요. '어쩌면 자연사보다 로드킬이 많겠구나.'

작가님의 편지를 읽으며 "여기 이렇게 사랑받는 고양이

들이 있어요"라고 말해주고 싶었어요. 그럼 조금이라도 위로가 될까 하고요. 쓰고 보니 어느새 저 역시 슬픈 결론으로 향하게 되네요.

하꼬처럼 뜬장에 사는 강아지들을 직접 본 적은 아직 없다고 쓰다가도 결국 슬픔이 떠올랐어요. 일 미터 남짓한 목줄과 제 몸 간신히 뉠 듯한 얇고 작은 집, 이불 한 채 없이 나는 겨울, 파리 꼬인 냄비 속 음식물과 언제 갈아주었을지 알 수 없는 물, 그 옆에 널브러진 똥과 오줌. 이런 환경에서 사는 개들이 대부분이니까요. 그 슬픔 속엔 그럼에도 꼬리를 흔들며 간식을 받아먹던 개가 사라졌을 때의 허망함, 같은 자리에 새로운 강아지가 짧은 목줄을 매고 꼬리를 흔들 때의 분노, 책임지지도 못하면서 짧은 정을 주는 미안함도 있죠.

하꼬와 작가님의 산책 시간을 상상했어요. 하꼬의 살랑이는 꼬리, 킁킁이는 코, 뜬장에서는 제대로 펴지도 못했을, 쭉 뻗은 다리와 작가님의 보폭을 따라 신난 걸음걸이. 그 모습을 지켜보는 주변 어르신까지도요. 그 장면이 불편한 분들도 있겠지만, 달리 보는 분들도 있을 거라 생각해요. 나비와 슈퍼집 할머니의 유대를 달리 보던 이곳의 할머니들처럼요. 비록 지금 나비는 없지만 나비 덕분에 여기 이 산북 할머니들에게 고양이가 똑똑하고 사랑스러운 존재가 되었듯이, 작가님과 하꼬의 산책이 누군가 마음속에 작은 변화의 균열을 만들어줄 거라 생각해요.

산북에서도 언제부턴가 마을 산책길에 간식과 심장사상충약을 챙겨주던 강아지들의 집이 커지거나 목줄이 좀 더 길어지는 일이 일어나기 시작했거든요. 그것도 꽤 자주요. 그럴 때마다 어르신들의 마음에 미세한 균열이 생긴 것 같아 기뻐요. 물론 그 균열만으로 평생 외로움 속에서 생존을 위협받는 강아지와 고양이들을 온전히 구원할 수 없겠지요. 그래도 강아지와 고양이들에게 종종 자신의 안부를 묻는 존재가 있다는 사실만으로도 따스한 위로가 된다면, 의미 있는 일 아닐까요?

제게 10월은 주변 사람 생각을 하는 달이었어요. 그중엔 작가님이 큰 부분을 차지했지요. 안부를 묻는 마음에 대해서도 한참 생각했습니다. 작가님은 아무 일 없는 날에도 "잘 회복하고 있나요?" "몸은 어떤가요" 하고 안부를 건네셨잖아요. 저는 원체 무뚝뚝한데다 사람 말을 잘 안 믿다보니, 남들이 하는 칭찬이나 좋은 말일수록 으레 하는 말이라고 생각해왔어요. 실망하기 싫고 상처받기 싫은 일종의 방어기제였지요. 근데 이번 사고로, 정확히는 작가님의 안부 문자 덕분에 그 방어벽이 무너졌어요. 작가님이 물어온 "잘 지내고 있나요?"

"정말 다행이에요" 같은 평범한 말들에 눈물이 나더라고요. 나의 무탈에 가슴을 쓸어내리며 다행이라고 말해주는 이가 있어 뭉클했나봐요. 고마웠어요. 이런 방어적인 인간에게 지치지도 않고 마음을 내어줘서. 작가님의 따뜻함을 자주 떠올린 덕분에 불안을 안고 살던 제가 걱정 없이 말랑한 사람이 되어 쉴 수 있어요.

하꼬도 짜장이도, 희망이도, 수풀집을 다녀간 이름 모를 수많은 동물 친구들도, 작가님이 내어준 온기 덕분에 혼자 있을 때에도 따뜻했을 거예요.

작가님이 보내주신 사진 속에는 벼가 노랗게 익었던데 여기 산북의 논은 어느덧 헐빈해졌어요. 산책길에 낙엽은 수분기 없이 바짝 말라 밟을 때마다 바스락바스락 소리가 나고요. 아쉬운 마음이 들려는 찰나에 아주 기쁜 소식이 있어 공유하자면, 10월 25일에 심은 삼동초 씨가 오늘 보니 빼곡하게 발아했다는 거예요. 제가 제일 좋아하는 샐러드 재료인데 그간 매번 타이밍을 놓쳐서 3년째 발아에 실패했거든요. 올해는 딱 맞춰 발아까지 성공시켰으니 내년 2월 즈음 무럭무럭 돋아나는 삼동초를 뽑아다 샐러드도 해먹고, 된장국도 해먹고, 겉절이도 해먹을 생각에 벌써 설렙니다. 3월엔 노오란 유채꽃도 빼곡하게 필 테고요.

이 편지를 다 쓰고 빼곡히 발아한 귀여운 삼동초 사진을 보내며 안부를 물어야겠어요. 이듬해엔 여리고 푸릇한 샐러드와 유채꽃으로요. 작가님이 늘 하시는 다정한 말처럼 저도 불쑥 문자 할게요. 다음 문자까지 무탈하시기예요!

10월

삼동초가 빼곡하게 핀 그리고다에서 귀찮 드림

추신. 혹시 삼동초 씨앗이 필요하시다면 말씀 주세요. 오늘의 성공으로 발아율이 높은 씨앗임이 증명되었거든요. 호호. 언젠가 작가님이 발아율 높이는 꿀팁으로 씨앗 냉장고 보관을 알려주셨지요? 시골 산 지가 6년인데 씨앗 보관법도 몰랐던 저는 작가님과 헤어지고 집업실에 돌아오자마자 냉장고 한 편에 씨앗 저장소를 만들었어요. 여름내 뜨거운 창고 속에 있었던 씨앗들은 소용이 없었지만 창고가 아닌 작업실 서랍에 따로 넣어두었던 삼동초 씨앗은 냉장고 안에서 발아율을 유지했던 것 같아요. 오늘의 발아에 작가님의 공도 있었던 거죠. 어디서나 흔히 볼 수 있는 유채꽃이라 작가님께 이미 있을 것 같지만, 혹시 없거나 필요하시다면 편히 말씀 주세요. 다음 만남에 고이 싸서 갈게요.

"아침에 일어나면 바로 씻으세요?"

초여름에 저희가 만났을 때 작가님이 하신 질문인데요. 기억하시나요? 그때 저는 그럼요, 하고 이내 다른 이야기로 넘어갔던 것 같습니다. 두 계절이나 지나 작가님의 질문을 다시 떠올린 이유는 조금 전 컴퓨터 모니터에 비친 스스로를 목격했기 때문이에요. 핸드폰 액정이 꺼지거나 컴퓨터 화면이 전환되면서 잠시 검어지는 순간, 그 짧은 순간에 자신의 모습을 강제로 목격하게 될 때가 있잖아요. 네, 오늘 제가 목격한 것은 며칠이나 감지 않아 떡진 머리를 하고 조급한 얼굴로 컴퓨터 앞에 앉아있는 저였습니다. 요즘은 이런 제가 말끔한 저보다 더 익숙합니다.

사무실로 출근하거나(보통은 재택으로 일하지만 단기 계약된 회사로 출근하는 날이 있습니다) 미팅이 생겨 외출하는 제 모습이 영 낯설어요. 말끔하게 씻은 후 화장을 하고 잠옷이 아닌 옷을 입은 제가 특별하게 여겨지기도 해서 엘리베이터에서 인증사진을 찍기도 합니다. 대부분의 날은 오늘처럼 '세수 안 한 얼굴+감지 않아 떡진 머리+정체 모를 얼룩이 묻어 있는 잠옷'을 장착한 상태니까요. 작가님은 저를 바지런한 사람으로 알고 계실 텐데… 제가 알토란 같다고 '김 알토란 미

김미리

리'라고 불러주시기도 했는데… 작가님이 제게 갖고 계신 그 이미지를 지켜내고 싶지만, 안타깝게도 요즘 제 실상이 이렇습니다.

여기까지 쓰고 씻고 왔습니다. 윗줄에서보다 조금 괜찮은 사람이 된 것 같아요. 이제 와 생각해보니 당시 저는 작가님 질문의 의도를 제대로 파악하지 못했던 것 같아요. 정해진 시간에, 정해진 곳으로 출근할 필요가 없는 프리랜서들의 하루는 모두 다를 테니 제 일상이 궁금하셨던 거겠죠. 단번에 그럼요, 라고 답할 수 있었던 것은 그때 제가 퇴사 2개월 차 신입 프리랜서였기 때문입니다. 회사원으로 사는 13년간의 습관, 그러니까 늘 정해진 시간에 일어나고, 씻고, 비슷한 모습으로 출근했던 습관이 여전히 남은 상태요.

그로부터 반년이 흘러 11월 중순이 되었습니다. 지금 작가님이 그 질문을 다시 하신다면 저는 다른 답변을 드리게 될 것 같아요.

"아니요, 2, 3일씩 씻지 않는 일도 흔한 걸요."

아침에 일어나 침대에 누운 상태로 업무 연락을 확인하다가 컴퓨터 앞에 불려 와 앉고, 컴퓨터를 동료 삼아 점심을 먹고, 그 채로 오후를 맞고, 마감 시간에 쫓기며 야근을 하고는 정수리 냄새를 풍기며 다시 침대로 향하는 하루. 최근의 제 일상은 이렇게 요약할 수 있을 것 같습니다. 이런 하루는 언뜻 보면 자유로워 보이지만 실상은 전혀 자유롭지 않습니다. 그래서 작가님의 질문이 다시 떠오른 것 같아요. '아침에 일어나면 바로 씻냐'는 질문이 단순히 위생이나 부지런함에 관한 질문이 아니었단 걸 이제야 어렴풋이 느낍니다. 무한한 자유, 틈틈이 스미는 불안, 결코 균일하지 않은 일의 파도 앞에서 자신을 잘 돌보면서 주체적으로 일하고 있는지를 물으셨던 게 아니었을까 생각합니다. 저는 알아채지 못했지만 '웰컴 투 프리랜서 월드!'라는 작가님의 인사이기도 했던 것 같아요.

편지를 쓰며 찾아보니 프리랜서는 '자유로운'이라는 의미의 'free'와 말을 탄 무사들이 쓰던 '긴 창'을 뜻하는 'lance'가 합쳐진 말이라고 하더군요. 특정 영주에게 속하지 않고 계약 관계에 있는 사람을 위하여 싸우는 창기병을 지칭하던 말이라고 해요. 중세 시대 용병들이 전투에 나서기 전 모습은 어떨지 상상해봤습니다. 자신의 창을 갈고닦고, 갑옷을 정비해 입고, 목숨을 건 싸움에서 이기기 위해 여러 방법을 동원하여 사기를 올리기도 하겠지요(《왕좌의 게임》에서 봤던 여러 장면들이 떠오르네요).

현대의 프리랜서인 저는 일의 세계로 나서기 전 어떤 모습인지 되짚어봤습니다. 창과 갑옷 대신 손에 익은 컴퓨터, 몸에 익숙한 책상과 의자를 준비하고 살핍니다. 여기까진 엇비슷한 것 같아요. 확연히 다른 점이 있다면 '공격!'하는 신호를 들으면 '나가자아아악! 싸우자아아아악!'하고 용맹하게 달려 나가야 하는데, 제게는 그 기세가 전혀 없다는 거예요. 방금 전까지 잠의 세계에 있었는데 순식간에 일의 세계로 건너뛰었으니 어찌 보면 당연한 일이겠지만요. 그뿐인가요. 얼떨떨한 상태로 전장에 출정한 저는, 퇴각 신호 또한 듣지 못한 채 홀로 싸움을 이어가기도 해요. 그러다 새벽이 되면 패잔병처럼 다시 침대로 가서 쓰러지죠.

집에서 혼자 일하는 제게도 출근과 퇴근의 관문이 필요한 것 같습니다. 샤워를 하고, 옷을 갈아입는 과정이 그 관문으로 적합할 것 같아요. 회사원이던 시절에 지금 제가 쓴 이 문장들을 봤다면 아주 크게 웃었을 것 같습니다. "아침저녁으로 샤워하고 옷 갈아입는 건 당연한 일이잖아. 집에서 일한다고 너무 배부른 소리 하는 거 아니야?" 하면서요.

그렇지만 이제는 인정해야겠어요. '문밖으로 나갈 일이 없음' '타인과 얼굴을 마주할 일 없음' '씻고 옷 갈아입을 시간에 일을 더 할 수 있음'과 같은 논리로 무장한 생활인의 자아를 이겨내기에, 신입 프리랜서의 자아는 아직 나약하다는 사실을요.

    작가님께 선언합니다. 올해 남은 일 개월 반, 아침에 필히 목욕재계 후 거실로 출근하겠습니다. 혼자 결심했다가는 조용히 없었던 일로 할 것 같아서 편지에 적어 작가님께로 보내요. 프리랜서 선배로서 다른 꿀팁이 있다면 부디 전수를 부탁드립니다.

    이왕 이야길 꺼낸 김에 남부끄러운 면모를 조금 더 이야기해볼까봐요. 사실 저는 요즘 계속 무기력한 상태입니다. 여태 누구에게도 말을 안(못) 했지만 말이에요. 저도 이 무기력의 원인을 몰라 말을 꺼내기가 조심스러웠어요. 하고 싶은 일 하겠다며 동네방네 소문내며 퇴사한 게 고작 몇 달 전인데, 벌써 이런 이야길 한다는 게 창피하기도 하고 말이죠.

    저와 가까운 이들은 벌써부터 눈치를 챘던 것 같아요. 2주 전 주말에 친구들이 수풀집에 놀러 왔었거든요. 그렇게 다 같이 모인 건 정말 오랜만이었는데 저는 친구들과 함께 시간을 보낼 수가 없었어요. 월요일 아침까지 처리해야 하는 일들이 밀려 있었거든요. 저는 컴퓨터 지박령이 되어 앉아 있고, 친구들은 자기들끼리 수풀집 구석구석을 청소하고 정리하는 이상한 광경이 벌어졌습니다.

김미리

"올해는 양파 안 심어? 추워지기 전에 심었던 것 같은데."

마당을 정리하던 친구가 문을 열고 들어와 물었어요.

"심으려면 이번 주에 심어야 하는데, 시간이 없을 것 같아. 올해는 건너뛰지 뭐…"

저는 컴퓨터 화면에서 시선을 떼지도 못하고 대답했어요.

"우리끼리 심을게! 저쪽에 심으면 되지?"

저는 그제야 친구를 돌아보고 대답했어요.

"모종도 안 사다 놨는데 뭘. 덕유산이나 전주에 놀러 갔다 와. 그때까진 마칠게."

"아냐, 읍내 가서 사 와서 심을게. 너는 일하고 있어."

그날 친구들은 300개의 양파 모종을 심어주고 돌아갔습니다. 겨울이 유난히 긴 시골집에서 양파밭을 보며 봄을 기다린다고 말했던 것을 기억하고 있었던 모양입니다. 친구들이 떠난 뒤 양파 모종이 나란히 심긴 텃밭을 바라보며 생각했습니다. 내가 원했던 삶이 이런 모습인가?

퇴사를 한 건 해내야 하는 일로만 점철된 삶을 멈추고 싶어서였어요. 회사원이니까 하고 싶은 것보다 해야 하는 일이 많은 것은 당연하지만, 하고 싶은 것과 해야 하는 일의 비중이 1:9인 것은 좀 너무하다 싶었거든요. 5:5까지는 아니더라도 3:7 정도의 비중을 유지하며 살고 싶었어요. '조직구성원 김미리'로 부여받은 일 말고 다른 영역의 일을 좀 더 자유롭게 하고 싶은 마음도 있었습니다. 퇴사 후 한동안은 원하던 대로 된 것 같았어요. 하고 싶은 걸 하고, 배우고 싶었던 것을 배우는 데 시간과 마음을 충분히 썼습니다.

작가님께 이 마음을 털어놓는 와중에 무기력의 이유를 알게 된 것 같습니다. 방금 아! 하고 깨달아졌어요. 지금 제 삶에서 하고 싶은 것과 해야 하는 일의 비중이 다시 1:9거든요. 회사를 다닐 때와 다르지 않은 거예요. 무의식 중에 '대체 회사 다닐 때와 뭐가 다르지?' 하는 생각이 자리 잡아 무기력을 부른 모양이에요.

프리랜서는 어떤 일을 할지 말지 스스로 선택할 수 있지만 동시에 자신을 먹여 살려야 하잖아요. 제가 하고 싶은 일은 (당장은) 크게 돈이 되지는 않는 일이에요. 배우고 싶은 일들은 돈을 벌기는커녕 써야 하는 일이고 말이죠. 결국 생계를 유지하기 위해 서서히 해야만 하는 일의 비중을 늘렸습니다. 그렇다고 돈을 아예 못 버는 것도, 먹고살기 힘든 것도 아닌데 말이에요. 저도 모르게 회사원이던 시절의 저와 지금의 저를 계속해서 경쟁시키기도 했습니다. '프리랜서 미리야, 지금 너는 회사원 미리의 급여 대비 몇 퍼센트를 벌고 있어. 퇴사한 걸 후회하지 않으려면 좀 더 힘내렴' 하면서요.

일정 상 어려운데 며칠 야근을 할 각오로 무리해서 일감을 받기도 했습니다(그래서 2주 전 양파 농사 무임승차 사태가 생긴 것이겠죠). 이제야 깨닫습니다. 아무리 하고 싶은 일이라도 제대로 된 쉼 없이 계속하면 해야 하는 일로 쉽게 변한다는 사실을요.

편지를 쓰기 시작할 땐 꼬질꼬질한 모습으로 근심이 가득한 한숨을 쉬었는데, 지금은 나름 말끔한 모습으로 안도의 한숨을 쉬고 있습니다. 무기력의 원인을 찾아냈으니 이제 조금씩 나아질 수 있을 거란 기대도 생겨요. 매달 받는 이가 되어주셔서 감사해요. 답장으로 보내주신 편지도요. 한 편의 동화 같은 그 편지가 제 마음에도 균열을 만들었어요. 저는 여전히 걱정하고 두려워하면서 동네 개 하꼬를 산책시키고, 동네 고양이들의 밥을 챙길게요. 평일 아침에는 샤워를 하고 마음에 드는 옷을 골라 입은 뒤 세 발짝 거리의 거실로 출근하는 일도 거르지 않겠습니다. 12월이 되면 올해의 반을 함께한 계절 편지 동료로서 송년회도 한번 했으면 좋겠습니다.

얼마 전, 시인이자 소설가인 '이상'이 여동생에게 쓴 편지를 읽었습니다. 읽고 나서 조금 울었어요. 편지를 부치는 이의 마음이 그대로 느껴져서요. 작가님과 나누고 싶다는 생각이 들어 적어두었다 오늘 편지에 담아 보냅니다.

편지하여라.

이해 없는 세상에서 나만은 언제라도 네 편인 것을 잊지 마라. 세상은 넓다. 너를 놀라게 할 일도 많겠거니와 또 배울 것도 많으리라.

(…)

축복한다.

_ 이상(1936), 〈동생 옥희 보아라〉, 중앙 9월호 중에서

11월

오늘까진 잠옷을 입고 출근한 김미리 드림

추신1. 연인과 야반도주한 여동생에게 보낸 편지라는 사실을 빠뜨렸군요.

추신2. 삼동초 씨앗 간절히 원합니다. 완두콩 씨앗과 물물교환 어떠십니까.

오후 6시에 하루를
시작하는 사람

작가님께 솔직히 고백합니다. 전 '귀찮'이 처음 만들어졌던 2015년부터 무수한 마감을 해왔어도 여전히 일 앞에서는 휘둘리고 방황하고 있어요. 혹 못 믿으실까 하여 저 역시 구린 면모를 아주 구체적으로 적어봅니다.

우선 메일로 문의가 옵니다. 홍보 만화, 강연, 일러스트 외주, 연재 등 종류는 다양하지만 과정은 비슷합니다. 견적과 대략적인 일정을 조율하고 나면 일이 확정되죠. 그럼 전 다이어리를 펼쳐 일정을 적습니다. 강연 자료 마감, 콘티 마감, 스케치 마감, 채색 마감, 업로드 일, 강연 당일 같은 것들이죠. 그렇게 제 다이어리 먼슬리 페이지엔 언제나 일이 가장 먼저 적힙니다. 아니 일이 대부분이라고 하는 편이 맞을 것 같아요. 그 외에 적힌 걸 보니 각종 세금 신고 마감일, 세무사님께 신고 자료 넘길 것, 원고료 입금 확인처럼 그마저도 일과 관련된 일이거든요(그 외엔 가족 생일 정도가 있네요). 짧으면 다음 달, 길면 그다음 달까지 적힌 일정들은 저에게 늘 이렇게 말해줍니다.

"넌 이날은 아무것도 못 해."
"그나마 이날이 네가 마음껏 쉴 수 있는 날임."
"이날 놀고 싶으면 반드시 이날까지 끝내야 함."

저의 모든 시간은 '일' 중심으로 돌아갑니다. 특히 강연이 잡혀있을 경우는 그 강도가 더 심해져요.

"강연이 2주도 안 남았네."
"일주일 남았네? 이제 진짜 시작하자."
"3일 뒤면 강연인데 하나도 준비가 안 됐잖아."

웃긴 건 뭔지 아세요? 실제로 책상에 앉아 진짜 강연 준비하는 시간은 보통 이틀 전일 때가 많았단 겁니다. 그럼에도 저는 강연 열흘 전부터 스스로를 옥죄며 쉴 틈을 틀어막고 이러지도 저러지도 못하게 만들어요.

제대로 쉬지도 못하고 강연 이틀 전을 맞이하면 성격은 더 괴팍해지고 예민해져 가족들에게 온갖 히스테리를 부리기 시작합니다. 그래서 작가님의 "덕유산이나 전주에 놀러 갔다와"라는 말속에 얼마나 큰 압박과 초조함이 있는지 잘 알아요. 얼마나 정제된 표현인지도요. '마감에 휩싸인 사람에게서 그토록 선한 워딩이 나오다니!'라고 생각했으니까요. 마감 중인 저에겐 그런 사려 깊은 말이 나오지 않습니다. 한 예로 동생이 "언니, 옷 개어 놨어. 이따가 언니 옷장에 넣어"라고 친절히 옷까지 개어 제 옷장 앞에 딱 갖다 놔도 마감에 쫓기고 있는 저는 이렇게 말합니다.

"나 일하고 있는데 그걸 꼭 지금 말해야 돼?"
"마감하고 이야기해도 되잖아!"
"아, 네가 그거 지금 말해서 방금 쓰려던 거 다 까먹었어."

마루가 놀아 달라고 슬픔이와 사랑이(마루가 좋아하는 라텍스 공 이름이에요)를 하나씩 갖다 놓고 책상에 앉아 있는 제 다리를 박박 긁으며 놀자고 하면 곤두섰던 신경이 잠시 풀어지긴 하지만, 그것도 정말 잠깐입니다. 라텍스 공 두어 번 던져 주고는 다시 책상에 앉아 신나게 공을 물고 온 마루에게 말합니다.

"마루야, 오늘은 안 돼."
"누나 일해야 되잖아."

잠깐 신났다가 급격하게 풀이 죽은 마루는 우울한 표정으로 제 옆에 동그랗게 몸을 말고 억지로 잠을 청하죠(마침 지금도 이러고 있네요). 이렇게 가족에게까지 날을 세우며 마감할 때면 무언가 단단히 잘못되었다는 걸 느끼지만 달리 해결할 의지도 없었던 이유는, 자칫 평가절하당하기 쉬운 제 삶을 일이 정말 든든하게 방어해주기 때문입니다.

서른이 한참 넘어 회사도 안 다니고 시골에 살면서 결혼도 안 한 애가 바쁘지도 않으면, 세상은 그 작은 틈새를 비집고 집요하게 물어오거든요.

"결혼 안 해?"
"돈은 벌고 있는 거야?"

일을 하는 수많은 이유 중엔 그런 시선을 보내는 세상의 코를 납작하게 눌러주려는 못된 마음도 있습니다.

"자, 나 이만큼 벌어 먹고 살아. 그러니까 나한테 아무 소리 하지 마!"

아무리 잘 번다한들 프리랜서의 소득이 직장인만큼 안정적일 리가 없습니다. 잘 벌어서 요즘 같은 겨울철 시골 보일러의 등유 값 80만 원 정도는 기분 좋게 턱턱 내는 때가 있는가 하면(저희 집업실 기름통 용량은 3드럼(600L)이고, 오늘 자 등유 시세는 리터 당 1,350원입니다), 등유 값 감당할 생각에 눈앞이 캄캄해지는 때도 있습니다. 그럴 땐 앞서 말했던 그야말로 나이 서른이 한참 넘어 회사도 안 다니고 시골에 살면서 결혼도 안 한 애가 바쁘지도 않은, 쓸모없는 애가 된 기분이죠. 그럼 뭘 해도 자격 없는 인간이 된 느낌입니다. 친구들과 어디 놀러 갈 자격도 없는 인간이 되어 자존감은 바닥을, 불안함은 하늘을 찍죠. 아무것도 아닌 인간이 된 것 같아 무기력해지고요.

결국 일이 없을 땐 일이 없어서, 일이 많을 땐 일이 많아서 힘든 일상밖에 남지 않죠.

> *세상에 일보다 중요한 가치가 얼마나 많은데 저렇게 일을 하다니, 누가 본다면 큰 문제가 있다고 생각할지도 모릅니다. 저도 알고 있지만 이 문제를 쉽게 해결할 수 없을 듯 해요. 제게 있어 일은 여전히 제 존재와 자아에 큰 의미가 되어주거든요. 일을 함으로써 저의 쓸모와 필요, 제 삶의 가치를 느끼니까요. 단순히 돈이 되는 것을 넘어 내 창작물을 사람들이 알아봐주고 귀하게 여겨주는 데서 오는 기쁨이 무척 큽니다. 그저 존재하는 것만으로도 삶의 가치를 느끼고 싶지만 빈번하게 느끼는 불안감을 주로 일하며 해소해요. 아무리 생각해도 일은 제 삶에서 너무나 크고 중요한 부분을 차지하고 있어요.*

혼자만의 사투에 관해 청승맞게 적고 있으니 종종 제 인생에 하등 중요하지도 않은 문제를 동료들과 사뭇 진지하게 고민하고 있던 직장인 시절이 떠오르네요. 당시엔 이렇게 열심히 해도 남는 게 없다며 힘들어했는데, 지금 떠올리니 그 처지를 함께 공감해줄 동료들이 있어 좋았구나 싶어요.

우리는 우리 앞에 서 있는 문제를 같이 해결하긴커녕 이야기 나눌 사람조차 없잖아요. 그래서 전 언니가 있었으면 좋겠다고 생각한 적이 많습니다. 든든한 언니가 있어서 힘들 때마다 찾아가 나 힘들다고 미주알고주알 다 이야기하면 진지하게 듣고 끄덕이며 들어줄, 어떻게 살아야 할지 모르겠다고 엉엉 울면 토닥이면서 그럴 땐 이렇게 하면 된다고 말해줄 언니가 있으면 얼마나 좋을까 하고요. 참 슬프게도 현실 어디에도 그런 언니는 없더라고요. 제가 지독한 은둔형인 탓도 있지만 지금까지 경험상 프리랜서는 어떻게 해도 혼자라는 것이 나름의 결론이었습니다. 나의 문제를 자신 외엔 그 누구도 해결해주지 못한다는 것이죠. 그런데 참 이상하게도 주변에 나와 비슷한 처지의 누군가가 있다는 것을 알면, 그건 그 자체로 힘이 되더라고요.

태어나 처음으로 북토크라는 걸 하게 되었을 때였습니다. 북토크를 앞두고 며칠 밤 내내 잠을 이루지 못했습니다. 북토크를 어떻게 하는 건지 하나도 몰랐거든요(아이러니하게도 여전히 북토크를 어떻게 하는 지 모릅니다).

오죽하면 네이버에 '북토크 하는 법'이라고 검색해본 기억이 날 정도입니다. 세상의 모든 질문에 답해주는 네이버 지식인에도 북토크 하는 법에 대한 답은 없었습니다.

하다 하다 안 돼서 제 주변 작가지만 친하진 않은 '유수'라는 친구에게 용기를 내 전화를 걸었어요. 북토크는 어떻게 하면 되냐고 물었지요. 마침 그 친구는 경주의 한 서점에서 북토크를 마치고 돌아오는 KTX라고 하더라고요. 통화로 나눈 말은 기억이 안 나지만 전화를 끊고 난 후 어쩐지 힘이 났어요. 제 주변에 나만큼이나 북토크를 어려워하는, 나와 같이 외로운 창작자가 한 사람이라도 있다는 사실에 좀 더 씩씩해질 수 있었거든요.

제가 하고 싶은 말은 이것입니다. 작가님, 지금은 오후 3시 44분인데요. 아침 8시부터 씻지도 않은 채 잠옷 바람으로 글을 쓰고 있는 사람이 여기 또 하나 있습니다. 집 안 꼴은 엉망이고요. 중간중간 글이 안 써져서 오늘도 가족들에게 온갖 히스테리를 부리고, 마루 산책도 동생한테 맡긴 채 이 글을 쓰고 있어요. 그런 제가 어떤 멋진 해결책을 갖고 편지를 썼대도 그건 작가님의 일을 해결 할 수 있는 답이 아닐 것 같아요.

다만 이렇게는 말할 수 있을 것 같아요. 작가님, 요즘 하고 계신 중요한 일들 마무리하고 나면 우리 같이 석화에 소주 한잔하러 가요. 삼동초와 완두콩 씨앗 물물교환도 해야 하고, 지난번에 못 먹은 케이크도 먹어야 하고요. 실용성이라고는 1도 없겠지만 앞으로 이 험난한 세상을 어떻게 살아야 할지 진지하게 토로하는 시간을 가져도 좋겠습니다.

　재촉은 아닙니다. 우리는 불안함과 외로움이 몰려올 때 만나면 더 좋을 사람들이니 물 들어올 때 힘껏 노 저으시고, 천천히 날짜를 잡아도 좋아요. 그때는 작가님의 목욕재계 프로젝트의 후일담도 들려주세요. 기왕지사 실패담이라면 더 반가울 것 같아요.

　저의 민낯을 솔직하게 보이고 나니 이제야 저도 청소를 하고 씻을 마음이 생깁니다. 지금은 오후 6시 9분인데 느지막하게 하루를 시작하겠네요. 영하권의 날씨지만 어제 거금을 들여 등유를 가득 채웠기 때문에 마음만은 풍요롭습니다. 밤 사이 마당의 수돗가가 얼진 않았을까 걱정했는데 아직 나가보지 못해서 얼른 나가봐야겠어요. 어느덧 한 겨울이네요. 수풀집도 동파 없이 올겨울 잘 보내길 바라며 편지 부칩니다.

　　　　　　　　　　　　　　　　　　　　　　11월
　　　　　　　　　　　　　　　　송년회를 기다리며 귀찮 드림

겨울 편지

도시 밖, 회사 밖에서 살아간다는 건

막막한 마음으로 '북토크 하는 법'을 검색하다 동료 작가에게 전화를 걸었던 작가님의 심정… 알 것 같습니다. 11월에 작가님께 편지를 보내던 제 마음과 닮았어요. 이제 막 출발한 사람에게 비슷한 시절을 먼저 지나간 이의 이야기는 사막의 오아시스 같은 거잖아요. 작가님이 그러셨죠. 전화로 무슨 이야길 나눴는지 정확히 기억나진 않지만, 통화를 마치고 어쩐지 기운이 났다고. 상대방의 존재를 확인하는 것만으로 씩씩한 마음이 될 수 있었다고. 지금 제 마음 또한 그렇습니다. 작가님이 보낸 위로와 응원이 제 마음에 잘 닿았습니다.

작가님의 진솔한 심경 고백을 들었으니 저도 체면치레같은 건 그만두고 솔직하고 재밌는 얘길 들려드려야겠다는 생각이 듭니다. 마음 한구석의 이야기 보따리를 열심히 뒤적여 작년 이맘때의 이야기를 꺼내봅니다.

2022년 12월 30일 금요일, 여느 날처럼 수풀집에 막 도착한 밤의 이야기입니다. 밤이 깊어져서 날이 곧 12월 31일로 바뀌려 할 때쯤이었죠. 연일 계속된 한파로 온 집 안이 싸늘했습니다. 출발 전에 핸드폰 앱으로 미리 보일러를 가동했는데도 말이에요. 서둘러 난로를 틀고 소망이 컨디션부터 살폈습니다. 아무리 차를 잘 타는 고양이라도 해도 200킬로미터가 넘는 거리를 이동하는 일이 쉽지는 않으니까요. 고생한 소망이를 무릎에 앉히고 엉덩이를 오래오래 토닥여줬어요. 소망이가 조용히 일어나 화장실로 향할 때까지요. 소망이가 화장실에 들어가 모래를 힘차게 파고 덮는 소리를 들으며(소망이는 화장실을 아주 요란하게 쓰는 고양이랍니다) 소망이 밥그릇에 사료를 부었습니다. 그리고 브리타에 물을 채우려 싱크대 수전을 젖혔어요. 그런데… 물이… 물이 나오지 않았습니다. 쏴아, 하고 쏟아져야 할 물이 말이죠.

어…? 어어어어어??? 당황한 저는 수전을 위아래로, 오른쪽, 왼쪽으로 열심히 움직여봤습니다. 소용없었어요. 부리나케 화장실로 달려갔습니다. 세면대와 샤워기 수전을 열심히 덜컥여봤지만, 역시 물은 나오지 않았습니다. 그제야 수도가 얼었다는 확신이 들더군요. 생각도 못 한 일이었어요. 그간 수풀집에서 여러 번의 한파를 겪었지만, 한 번도 없었던 일이거든요. 당장 소망이 물도 줘야 하고 목도 마른데 어쩌지 싶었어요. 그나마 다행인 건 그날따라 서울집에서 싹 씻고 출발했다는 사실이에요. 늘 수풀집에 도착해 샤워를 하는데 그날은 이상하게 씻고 길을 나서고 싶었거든요. 불행 중 다행이었지요. 몇 시간 전의 저를 칭찬하고 섰는데 굉장한 요의가 느껴지더군요. 차에서 마신 커피가 열심히 이뇨 작용을 일으키고 있는 것 같았습니다. 마침 화장실이고 해서 일단 생리현상부터 해결하고 습관처럼 변기 물을 내렸죠.

작가님, 경솔은 이런 것을 두고 하는 말이 아닐까요? 물이 한 방울도 안 나오고 언제 물이 다시 나올지 모르는 상황에서 함부로 변기 물을 내리다니요. 자신이 지금 수도가 언 시골집에 있다는, 도시처럼 주변에 갈 만한 화장실이 없다는, 아침이 밝으려면 아직 멀었다는 자각이 있는 사람이라면 그러지 않았을 거예요. 레버를 내리고서야 '아, 물이 안 나오면 변기도 못 쓸 텐데?' 하는 생각을 했습니다. 저는 스스로를 향한 칭찬을 재빨리 거두고 양변기 물탱크를 열어 남은 물의 양을 확인했습니다. 이제 더는 변기를 쓰지 못할 것 같더군요. 좌절스러웠어요. 그런데 이미 써 버린 물을 뭐 어쩌겠어요.

혹시 사다 놓은 생수가 있을까 싶어 집 안 곳곳을 뒤졌습니다. 큰 기대는 하지 않았어요. 생수를 사 마시는 일이 번거롭기도 하고 플라스틱이 많이 나와서 브리타를 사용한 지 꽤 되었거든요. 그런데 주방 벽장 안에 2리터짜리 생수가 한 병 있는 게 아니겠습니까! 발견한 생수를 가만 보는데 생수에게서 광채가 나는 것 같았어요. 일단 소망이 물그릇에 한 컵 부어주고, 일부는 끓여서 마당 냥이들 물그릇에 부어주었습니다. 저도 한 컵 마시고요. 얼마 안 남은 물은 뚜껑을 꼭 잠가 싱크대 위에 소중히 올려두었습니다. 영화 〈마션〉에서 식량을 배분하는 마크 와트니의 마음을 (백만분의 일 정도는) 알 것 같았습니다.

김미리

목을 축이고 나서는 이런저런 검색을 하기 시작했어요. '언 수도 녹이는 방법' '수도 배관 녹이기' '겨울철 물이 안 나올 때' 같은 검색어를 입력했지요. 수도꼭지를 최대로 틀어놓고 수전과 배관을 드라이기로 녹이면 도움이 된다는 이야기가 많았습니다. 화장실 샤워기 앞에는 난로를 틀어놓고 주방 배관은 드라이기로 녹이기 시작했어요. 혹 드라이기가 과열되어 폭발하거나 전기까지 나가면 어쩌나 싶어, 드라이기로 녹이다가 잠깐 쉬었다가 또다시 녹이는 인터벌 녹이기 권법을 사용하는 것도 잊지 않았습니다. 뜨거운 바람을 쏘이자마자 수전에서 물이 몇 방울 떨어지기 시작했습니다. 희망이 보였어요. 하릴없이 몇 시간이 흐르자 그 희망도 속절없이 사그라들었지만요.

결국 특별한 진척 없이 침실에 들어섰습니다. 실내 온도를 최대한 높여야 한다고 해서 보일러 희망 온도를 25도로 맞춰놨더니, 보일러가 열심히 웅웅 돌아가고 있었어요(등유값이 무서워서 희망 온도 23도를 넘긴 적이 없는데 말이에요). 그때도 실낱같은 희망을 붙들고는 있었습니다. 예상보다 시간이 많이 걸리고 있지만 집 안에 온기가 돌면 곧 해결될 거라고 믿었거든요. '수도를 최대로 열어놨는데 자다가 갑자기 물이 콸콸 쏟아지면 어쩌지?' '내가 물 소릴 못 듣고 계속 자면?' 하는 생각도 했습니다. 그 채로 잠이 들었어요. 이런저런 방법을 시도하느라 온몸이 뻐근해서인지, 걱정 때문인지 평소와 달리 선잠을 잤습니다. 그때 침실과 가까운 화장실에서 물소리가 들렸어요. 저는 (몸을 접는 중간 과정을 생략하고) 벌떡 일어나 화장실 문을 벌컥 열었습니다. 드디어 물이 콸콸 나오기 시작했습니다! 라고 말씀드리고 싶지만… 실은 아무 일도 없었습니다. 분명 물 흐르는 소리가 났는데 말이에요. 그 소리는 새벽 4시에도, 5시에도 들렸습니다. 그때마다 화장실로 달려갔지만 역시 아무 일도 없었고요. 간절한 마음이 불러온 환청이었습니다.

그렇게 2022년의 마지막 해가 밝았습니다. 앞집 할머니 댁 대문이 열린 것을 확인하고 얼른 달려갔어요.

"할머니… 저희 집 수도가 얼었어요. 밤새 녹였는데 안 녹아요…."

우는 소리를 한바탕 하고 세수와 양치를 한 후 할머니 밥상으로 아침 식사도 해결했습니다. 양동이와 물병을 여러 개 챙겨가서 몇 번이나 물도 길어왔어요. 낑낑거리며 앞집과 제 집을 오가는 이를 목격하신 마을 어르신의 애정 어린 잔소리가 이어졌습니다. 집을 오래 비우는 사람이 수도를 살짝 틀어놓고 가야지 이 추위에 꼭 잠그고 가면 어쩌냐고요. 여태 그런 적이 없었어서 생각도 못 했다는 제게 언 수도 녹이는 여러 방법을 전수해주시기도 하셨습니다.

"수도에다가 수건을 꽁꽁 싸매. 물을 팔팔 끓여갖구 거기에 뜨거운 물을 째끔씩 붓는 거여. 글케 몇 번만 하면 금방 녹을겨."

"수도 배관 지나가는 길을 따라 불을 때봐. 솥뚜껑 같은 거 있지? 그런 거 뒤집어다 놓구. 열기가 땅속 배관 있는데 싸악 스며서 반나절이면 녹는다니까."

"아녀. 압력밥솥으로 하는 게 젤이여. 압력밥솥 있잖여. 김 나오는 구멍에다가 얇은 호스를 끼워. 또 한 짝 끝은 밖에서 들어오는 수도 배관에다가 연결하구. 그 담에 밥솥에다가 물을 넣고 팔팔 끓이면 밥솥의 증기가 호스로 들어감서 수도 곰방 녹아. 내가 우리 집도 그렇게 녹였다고. 있어 봐, 그 호스가 여 어디 있을 텐데…"

어르신들께 배운 방법들을 오전 내내 시도했지만 수도는 녹을 기미가 없었어요. 저는 초췌한 몰골을 한 채 읍내로 향했습니다. 난리 통에도 배는 고팠고 냉장고는 텅텅 비어있었거든요. 읍내를 오가며 모든 신에게 기도했습니다. 집에 돌아가면 물이 콸콸 나오게 해달라고요. 새해에는 좋은 일도 많이 하고 선하게 살겠다는 다짐도 몇 번이나 했습니다. 하지만 저 같은 나이롱 신도에게 신들은 응답하지 않았습니다. 결국 물은 나오지 않았고 저녁밥도 앞집 할머니 댁에서 해결했어요. 장 봐온 재료들을 씻고 다듬어 요리를 하는데도 물이 필요하니까요. 할머니는 물이 안 나오는 것은 안타깝지만 이렇게 같이 아침도 먹고 저녁도 먹으니 참 좋다고 하셨어요. 저 역시 그랬어요. 대근해서 우쨔, 라며 등을 쓸어주시는 할머니가 있어서 참 좋았어요.

할머니는 저를 배웅하며 저녁에 화장실 가고 싶거나 물이 필요할지 모르니 대문을 조금 열어두고 주무시겠다 하셨습니다. 저는 양손을 내저으며 말했어요. 방금 화장실도 다녀왔고 물도 길어다 놨으니 문 꼭 닫고 주무시라고. 요즘 세상이 험하다고.

그런데요, 작가님. 사람 일은 한 치 앞도 알 수 없다는 말이 맞나봐요. 침대에 눕자마자 배 속에 천둥이 치는 거예요…. 한번 시작된 천둥은 배를 쥐어짜는 고통과 함께 점점 심해졌습니다. 저는 할머니 댁으로 달려가며 전화를 걸었습니다. 죄송하고 부끄러운 것은 생각할 여력이 없었습니다.

"할머니, 저 배가 너무 아파요! 문 좀 열어주세요!"

김미리

한 차례 소동을 벌이고 집에 돌아오니 한 해의 마지막 날이 끝나가고 있었습니다. 내일까지 할머니께 폐를 끼칠 수는 없다는 생각이 들었어요. '금산 언 수도 해빙'이라고 검색해서 몇 개의 업체를 찾고 번호를 메모해두었습니다. 새해 첫날부터 출장을 오실지는 알 수 없지만 아침 일찍 전화를 해봐야겠다고 생각하면서요. 침대에 누우니 가슴이 갑갑하고 우울했습니다. 제가 바란 한 해의 마지막과 시작이 이런 모습은 아니었거든요. 노래 가사처럼 내일이 32일이라고, 33일이라고 우겨보고 싶었어요.

'쿠룩쿠룩, 쿠, 쿠… 쿠…'

그순간 화장실에서 김이 빠지는 소리가 들렸어요. 이번에도 환청인가 싶어서 망설이는데 그사이 소리가 '쏴아아아아아아아악'하는 소리로 바뀌었어요. 분명 물이 쏟아지는 소리였습니다. 새해를 30분 남겨두고 언 수도가 녹았어요. 저는 열광했어요. 침대에서 일어나 '기쁘다 수도 오셨네'를 외치며 미친 듯이 게다리 춤을 췄어요. 그 바람에 소망이가 놀라서 몸을 부풀리고 사이드스텝*을 하며 저어 멀리로 도망갔지만 저는 춤도 노래도 멈출 수가 없었답니다.

---

* 고양이는 신변의 위협을 느끼면 무섭지만 강한 존재로 보이고 싶어서 몸을 부풀리고 옆으로 걸어요.

그렇게 시작한 한 해가 끝나갑니다. 올해를 십여 일 남겨두고 있어요. 언 수도 녹이기보다 진 빠지고 힘들었던 일도, 갑자기 콸콸 쏟아지던 물처럼 반가웠던 일도 여럿 있었습니다. 이렇게 웃으며 꺼내놓을 수 있는 일도, 아직은 혼자서 좀 더 소화해내고 싶은 일도 있습니다. 그 수많은 일 속에서 작가님께 보낼 이야기를 떠올리고 곧 도착할 답장을 기다렸어요. 그럴 수 있어서 내내 기뻤다는 말씀을 드리고 싶습니다. 한 해가 저물어가지만 계절 편지는 아직 반이나 남아 덜 아쉬운 마음으로 올해를 보내줄 수 있을 것 같아요. 남은 날들도 내년도 잘 부탁드려요. 작가님의 답장은 계절 편지 송년회를 지나 도착하겠군요. 곧 뵈어요!

12월
오아시스에 감격하며 김미리 드림

추신1. 저도 첫 북토크를 앞두고 네이버에 '북토크 하는 법' 찾아봤었어요….

추신2. 식물보호산업기사 최종 합격 소식을 전합니다. 이 영광을 수풀집의 광대나물과 집업실의 쇠비름에게 바칠래요.

작가님, 저희 집업실에는 화장실이 세 개입니다. 이렇게 말하니 무척 넓은 집 같지만 넓은 건 마당이고 거주하고 있는 본채는 25평 남짓한 크기입니다(그 외엔 난방이 되지 않는 작은 별채가 두 개, 창고가 세 개입니다). 25평형 아파트였으면 많아도 두 개였을 화장실이 무려 세 개나 있는 이유는 제목에도 써두었듯이 언젠가 그림 그리고 글 써서 밥벌이가 안 되면 에어비앤비를 하겠다는 당찬 포부를 갖고 지은 집이기 때문입니다('짓다'라고 표현한 것은 옛날 집을 수리하는 일이 아예 집을 새로 짓는 과정에 버금갈 만큼 큰 공사였기 때문이에요. 작가님 역시 그랬겠죠?).

다행히 지금은 예상보다 용케 잘 버티고 있지만 당시엔 제가 이 일로 돈을 모을 수나 있을 지, 얼마나 오래 할 수 있을 지에 대한 확신이 없었거든요. 그래서 '하다 하다 망하면 에어비앤비를 해야지' 하고 가뜩이나 작은 집에 작은 방을 네 개나 만들고 그중 세 개에 작은 화장실을 만드는 조각조각 공사를 했습니다. 평소엔 자유롭게 쓰다가 손님이 오면 작업실과 안방만 저와 동생이 쓰고, 나머지 방은 게스트 룸으로 쓰는 상상을 하기도 하고, 독자님들을 초대해서 1박 2일짜리 작은 워크숍을 열거나 북토크를 해도 좋겠다 싶었죠. 살기 전엔 그랬습니다.

일 년 후, 그 상상은 산산히 부서졌습니다. '하다 하다 안 되면 숙박업을 하겠다'라는 가벼운 심보로 시작할 일이 아니었어요. 만약 이곳에서 에어비앤비를 한다면 게스트에게 이런 당부를 해야 할 거예요.

첫 번째 당부. "휴지는 최대 네 칸, 물은 자주 내려주세요."

적성에 맞지 않아 자퇴했지만 환경공학과를 일 년간 다닌 바람에 휴지의 수용성에 대한 투철한 믿음이 있었습니다. 세상의 모든 두루마리 휴지는 물에 녹는 시험을 거치고, 그 시험은 얼마나 빠른 시간 내에 분해되는지가 관건이거든요.

회사원 시절, 혼자 사는 동료들이 변기가 막혀 고생하고 있다고 할 때마다 혹시 "물티슈 넣었어요?" "뭐 빠트린 거 아니에요?"가 질문이었지 절대 휴지 탓을 하진 않았습니다. 심지어 한 동료가 "아니에요 휴지 때문에 막혔어요"라고 할 때조차요.

이곳에 내려오고서야 깨달았습니다. 휴지로도 배관이 막힐 수 있다는 걸요. 발단은 친구가 놀러온 날이었어요. 새벽까지 술을 마시고 아침에 일어나 화장실을 다녀온 후, 갑자기 변기 물 내려가는 소리가 심상치 않았습니다. 뭔가 시원하게 내려가긴 하는데 새로운 물이 올라오지 않는 거예요. 변기 레버를 아무리 눌러도 물이 채워지긴커녕 힘없이 딸깍거리기만 했습니다. 다른 방의 화장실도 마찬가지였어요. 손님 방에서 한참 자고 있는 친구를 깨워 물었지요.

"미안한데… 변기가 막혔어… 혹시 변기에 뭐 떨어트렸어?"

놀랍게도 친구는 저희 집에 놀러온 이후 단 한 번도 화장실을 사용하지 않았습니다. 담배 피러 나가며 대문 밖에서 어르신들이 쓰시는 오래된 재래식 화장실을 이용해서요. 그럼 누가 봐도 범인은 저잖아요? 그런데 전 아무리 생각해도 휴지만 썼거든요. 그날 오후 찾아온 설비 사장님께서도 물으셨어요. 혹시 물티슈나 행주를 잘못 넣었거나 화장품 떨어트린 거 아니냐고. 하지만 아무리 생각해도 그런 적이 없어 제가 인지하지 못했던 순간 무언가 소리 없이 떨어졌을 거라고 추측했습니다.

결과적으로 그 속에 떨어진 것은 마땅히 떨어져야 했을 친구들, 민망하지만 정확히 표현하자면 똥과 곤죽이 된 휴지가 전부였습니다. 그런데 어떻게 막혔냐고요? 70평 마당을 가로지르는 아주 긴 배관 때문이었습니다. 보통 배관은 물이 잘 내려가도록 약간의 경사를 만들어 지하에 심는데 저희 집은 마당이 넓다 보니 충분한 기울기를 확보하지 못한 채 묻혀

진 거죠.

혹시 작가님, 속도는 질량에 반비례한다는 물리 법칙 기억 나시나요? 가벼운 질량인 물은 적은 기울기에도 신나게 정화조로 떠내려갈 수 있었지만, 무거운 질량을 가진 친구들은 너무 무거운 나머지 속도를 잃고 끝내 그들의 여정을 마칠 수 없었답니다.

그렇게 특정 구간에서 맥없이 멈춘 친구들은 다음 친구들과 만나 차곡차곡 쌓이며 단단히 배관을 막아버린 것이죠. 그 친구들은 다음 날 설비 사장님께서 멀쩡한 시멘트 바닥을 뚫고 배관을 자르고, 하나하나 퍼 올리고, 잘려진 배관을 다시 이어주고 나서야 여정을 끝낼 수 있었습니다.

그런 그리고다가 에어비앤비가 되어 손님을 맞으면 초면에 이렇게 말해야 할 거예요.

"게스트님, 휴지는 최대 네 칸, 물은 자주 내려주세요."

솔직히 이 정도 부탁은 할 수 있을 것 같아요. 변기 옆에 휴지통을 따로 두어도 되고요. 그런데 이보다 더 큰 문제가 있었으니…

두 번째 당부. "앗 물이 안 나온다고요? 죄송합니다. 환불해드릴게요."

　불과 몇 주 전 일이었습니다. 머리에 신나게 비누칠을 하고 물을 틀었는데 물이 좀 불안하게 나오는 거예요. 최대한 빠르게 헹구고 나오려 했지만, 졸졸졸이었던 수압은 단 몇 초 만에 몇 방울 대로 진입해 제 마음을 조급하게 했습니다. 그날은 비누칠을 수건으로 헹군 최초의 날이었어요. 보통은 씻기 전에 물을 틀어 보고 불안함을 감지하는데 그날은 제가 안일했던 것이지요. 이렇게 아직 상수도가 들어오지 않은 시골에선 날이 가물면 그야말로 직격탄입니다. 작년 이맘땐 무려 3주째 제대로 된 물이 안 나오기도 했어요. 아예 안 나오는 건 아니고 나오긴 하는데 흙탕물이었죠. 평소엔 깨끗한 물이 나오지만, 날이 가물면 물탱크 바닥에 있는 물이 그대로 나오는지 갈색이더라고요. 변기 물을 내렸는데도 누가 보면 왜 물을 안 내렸냐고 오해할 정도로요. 여긴 대한민국이고 물 부족은 남의 나라 이야긴 줄 알고 있었는데, 시골에 살며 우리나라 역시 물 부족 국가임을 정면에서 목도해요.

　물이 안 나올 때면 애써 지은 집업실을 두고 본가에서 지내는데요. 가뭄과 상관없이 콸콸 나오는 깨끗한 물을 보면 기분이 이상해져요. 하천과 계곡은 말라비틀어졌는데, 도시엔 아무 일도 일어나지 않았다는 듯 깨끗한 물이 나오는 걸

보면 비정상이 쏟아지는 느낌이 들거든요.

그렇다고 정상인 곳에서 살 수 있냐면 그건 또 아니에요. 하얬던 수건과 셔츠가 세탁하고 나면 누래지니까요. 큰맘 먹고 산 비싼 싱크대 수전도 필요 없어졌어요. 세탁기에도, 싱크대에도, 샤워기에도, 세면대에도 정수 필터가 필요해졌거든요. 영화 〈리틀 포레스트〉를 떠올리며 룰루랄라 시골로 놀러 온 손님이 갈색 필터를 보고 맘 놓고 씻을 수 있을까 생각하면 역시 에어비앤비는 무리에요. 그래도 물이 콸콸 잘 나오는 때엔 손님을 받을 수 있지 않을까 하는 희망도 가져보지만 그 역시 불가능한 이유는…

세 번째 당부. "추워요. 춥습니다."

원래 있던 벽체에 단열재를 덧대어 벽 두께가 25센티를 훌쩍 넘도록 단열 공사를 열심히 한 집임에도 불구하고 춥습니다. 윗집이나 아랫집이 따뜻하면 보일러를 안 틀어도 기본 온도가 유지되는 아파트나 빌라와는 달리, 혼자 모든 추위를 감내하는 단독 주택은 아무리 단열재를 잘 써도 한계가 있습니다.

작가님 지난 편지에서 제가 든든하게 기름을 가득 넣었다고 말씀드렸었지요? 두둑히 기름을 넣은 지 딱 한 달인 오늘, 야속하게도 반인 무려 40만 원어치가 닳았습니다. 연말 약속으로 서울을 오가느라 본가에서 지내며 집업실 실내 온도를 10도로 맞춰두고 나가 있는 날이 많았고, 들어온 날에는 최대 21도를 넘기지 않았는데 말이에요. 심지어 21도는 친척들이 놀러 온 날의 온도였고, 보통 자기 전에 안방 하나만 19.5도로 다른 방은 다 10도로 맞춰두고 자요.

일어나면 보일러를 가장 먼저 끄고 난로에 물 주전자를 올려 뜨거운 공기로 온도를 빠르게 올리고, 밥솥에 쌀을 안치고 요리를 해서 집 안 온도를 높이는 절약 정신을 십분 발휘했는데도 여지없이 반이나 닳았더라고요. 지난 며칠간 영하 16도까지 떨어질 정도로 너무 춥긴 했어도, 기후 위기로 영상 20도를 웃돈 것 역시 12월이었던 걸 감안하면 참 야속할 정도예요. 그러니 게스트님들이 춥다고 최대 온도로 설정해놓고 있으면 수지타산이 안 맞아 에어비앤비는 하지 못하게 될 거예요.

이런 중대한 연유로 에어비앤비는 못 하게 되었지만 그럼에도 저는 이곳에 살고 있습니다. 어느덧 이 쉽지 않은 문제들이 문제라고 느껴지지 않을 만큼 일상적으로 살고 있어요. 요즘같이 추운 날 들어가자마자 요리를 해서 온도를 높이는 일도, 청소기를 돌려서 체온을 높이는 일도, 휴지를 아껴 쓰는 일도, 물줄기를 보고 샤워 타이밍을 가늠하는 일도 이제는 일상이 되었어요.

최강한파가 덮쳤던 지난주, 별채의 싱크대 수전을 돌려보니 단단히 얼어 움직이질 않더라고요. 부랴부랴 전기 열선을 가져와 겹치지 않게 감아주었어요, 야외의 부동전도 다시 한번 확인한 뒤 잠가주었고요. 그뿐만인가요. 비가 오면 배수로와 수채 구멍, 지붕 물동이에 촘촘히 쌓인 낙엽을 정리하고, 눈이 오면 발자국이 닿기 전에 쓸고… 수많은 루틴이 계절에 따라 추가되지요. 아무리 적응했어도 아파트나 빌라가 아닌, 그것도 상하수도조차 들어오지 않는 시골의 주택에 사는 것은 여러모로 불편해요.

동시에 이런 생각이 들어요. 내가 생각 없이 한 행동이 집 안의 어느 곳에 문제를 만들 수 있다는 사실을 아는 것, 겨울철 동파를 대비하기 위해 전기 열선을 구비할 필요성을 아는 것, 지금은 마늘과 양파가 겨울잠을 자는 계절이란 걸 아는 것, 설비 사장님이 하는 일이 얼마나 중요한 일인지 아는 것. 이 모든 게 사실 그 무엇보다 우리 삶에 맞닿아 있는 지식들이잖아요. 물과 온도처럼 삶을 영위하는 데 아주 기본적이고 중요함에도 의식 없이 낭비하던 것들을 아낄 수 있어 좋아요. 삶을 위한 기반 시설이 체계적으로 너무 잘되어있어 도심 안에 있을 땐 알 필요도 없던 단어와 쓰임새들을 알게 되어 뿌듯하고요. 그 도심의 안락함에 의존하지 않을 수 있으니까요. 새로운 곳으로 떠나려 할 때 이런 지식들을 몰라 발목이 붙잡힌다면, 자신에게 더 넓은 선택지를 내어주지 못할 테니까요.

당연히 모든 문제를 스스로 해결하진 못하겠지요. 그러니 해결해줄 사람을 찾아갈 능력을 갖추는 일도 나름의 해결책 아닐까요?

저는 웬만하면 설비 사장님과는 척을 지지 않아야겠다고 종종 생각합니다. 설비 일 자체가 고되어서 하는 사람이 많지 않은데다 지방 소도시엔 몇 분 계시질 않으니 한 분이라도 척을 지면 큰일이니까요. 작가님이 '금산 언 수도 해빙'이라고 쳤을 때 나온 검색 결과가 대부분 설비 사장님 연락처 아니었나요? 수도가 얼어도, 뜨거운 물이 안 나와도, 변기가 막혀도, 설비 사장님들은 어떻게 해야 하는지 다 알고 계시니까요. 그런 의미에서 한파가 덮친 겨울의 산타 할아버지는 다른 이가 아닌 주말 밤낮없이 동파된 집에 방문해주신 설비 사장님일 것 같아요.

어느덧 크리스마스도 지나 새해를 목전에 두고 있네요. 저 역시 작가님 못지않은 기막힌 사건으로 편지를 써야지, 하고 있었는데 이토록 적나라하게 써버려서 어찌 읽힐지 모르겠어요. 작가님의 앞선 편지가 아니었다면 이 이야기도 쓰지 못했을 거예요. 전 많은 책을 낸 사람들이 어떻게 저렇게 할 말이 많을까 신기했거든요? 제 안에 있는 이야기는 지난 두 권의 책에 다 써버려서 더 이상 아무것도 나오지 못할 것 같다고 생각했어요.

지난 여섯 번의 편지들을 돌아보니 혼자서는 갖고 있으면서도 발견하지 못했을 이야기들을 빼곡하게 적어 내려갔더라고요. 그건 비슷한 환경에 살며 서로의 처지를 너무도 잘 아는 작가님이어서, 부동전 이야기를 나누며 웃을 수 있는 작가님과 주고받는 편지여서 할 수 있는 이야기들이었어요.

올해 잘한 일 중 하나는 계절 편지를 시작한 거예요. 저도 몰랐던 이런 이야기들을 꺼낼 수 있게 먼저 손 내밀어주셔서 다시 한번 감사해요. 올 연말엔 동파와 선잠과 설비 산타의 방문 없이 소망이와 마냥 따뜻하길 바랄게요. 내년에도 변함없이 작가님과 궁상맞고 짠하고 슬프고 재미난 이야기를 이어 나갈 수 있단 사실에 벌써 신나요(식물산업보호기사님 덕분에 한층 더 다채로울 예정!). 우리 새해에도 건강히 편지 주고받아요.

해피 뉴 이어!

12월

더 이상 휴지를 믿지 않는 귀찮 드림

김미리

헐렁한
다짐

새해 첫 편지를 보냅니다. 작가님, 복 많이 받으세요. 올해엔 작가님과 제가 나란히 함께 복을 짓고 또 받는 순간도 있었으면, 하고 바라봅니다. 예를 들면 (작가님과 제가 주고받은 편지를 묶어 출간한) 이 책이 유례없는 대박이 난다든지…. 글 쓰면서 너무 속물적인 생각을 하는 게 아닌가 싶기도 하지만, 솔직히 전 그래요. 저희가 쓴 책이 잘 팔렸으면 좋겠어요. 책을 만드는 일에 생각보다 많은 이들의 수고가 들어간다는 것을 알게 되어 그렇습니다. 책이 많이 팔려서 이 프로젝트에 참여한 모두가 자신의 노동에 정당한 대가를 받았으면 좋겠어요. 물론 작가님과 저를 포함해서요. 잠시 대박이 터진 이후의 작가님과 저, 편집자님을 진지하고 구체적으로 상상해봤습니다.

작가님과 편집자님은 어떠신지 모르겠지만, 저는 주목받는 삶만은 꼭 피하고 싶기 때문에 대박 말고 중박정도만 났으면 좋겠다, 고 슬쩍 생각을 바꾸기도 했습니다. 그러다 이 책은 공저하는 책이라 인세가 반이니 작가님과 제가 적절한 노동의 대가를 받으려면 중·대박(중박과 대박의 중간) 정도는 나야 하나 생각하기도 했어요. 심각하게 고민하다 겨우 현실로 돌아왔습니다. 일단 이 편지를 보내야 대박이든 중박이든 소박이든 이룰 수 있을 것 같기 때문이지요.

김미리

새해 첫날은 어떻게 보내셨나요. 저는 떡보다 만두가 더 많이 들어간 떡만둣국을 끓여 먹었어요. 요즘엔 다양한 채식 만두를 쉽게 살 수 있어서 설날이 덜 부담스러워졌어요. 게다가 올해는 떡국을 먹어도 한 살 더 먹지 않는 최초의 1월 1일이었잖아요? 기꺼운 마음으로 새 노트를 꺼내어 새해 다짐을 적기도 했습니다. 새해 첫날이 월요일이기까지 하니 무언갈 시작하기에 딱이라고 생각하면서 말이죠. 편지에 밝히기엔 부끄러운 여러 다짐들과 함께 '루틴 있는 사람 되기'를 적어 넣었습니다. 작년에 '패잔병의 고백'이라는 제목을 달아 보낸 편지에도 썼지만 프리랜서가 된 후 시간에게 멱살 잡혀 끌려가고 있거든요.

그러던 차에 유튜브에서 이런 이야길 들었어요. 루틴이 있으면 굳이 의도하지 않아도 저절로 갓생을 살게 된다는…. 루틴이라곤 아침에 일어나 모닝 페이지를 쓰는 것 밖에 없는, 숏츠와 릴스가 주는 도파민에 절여져 있는, 결코 안 프리한 프리랜서의 눈이 번쩍 뜨였습니다.

저는 바로 새해 루틴을 짜기 시작했습니다. 출근을 하는 날이냐, 오늘처럼 집에서 글을 쓰는 날이냐에 따라 두 가지 루틴을 만들었어요. 오늘처럼 글 쓰는 날의 아침 루틴은 아래와 같습니다.

김미리

07:00 기상+화장실/양치+물 끓이기

07:10 소망이 사료+물 마시기+유산균 먹기

07:20 모닝 페이지 쓰기

07:40 오늘 할 일 정리(feat. 불렛저널)

07:50 소망 타임(소망이 털 빗기/화장실 정리/낚시놀이)

08:10 샤워 및 간단 꾸밈

08:30 업무 메일 확인/답장

08:50 뉴스/콘텐츠 읽기

09:00 독서

09:40 모닝커피+휴식

10:00 오전 작업 시작

...

이렇게 자정까지 쭉 이어지는 루틴은 새해 첫날 아침에 설계됐습니다. 다음 날부터 실행하기로 결심했어요. 첫날인 1월 2일, 저는 갓생러로 환생한 듯했습니다. 몇 가지 수정해야 할 부분도 있었지만 하루 만에 생산성이 크게 향상된 것 같았거든요. 좀 더 수정된 루틴을 실행한 1월 3일엔 '루틴이 있는 삶이란 이런 거구나' 싶었습니다. 뿌듯한 기분으로 잠자리에 들 수 있었어요. 3일 차인 1월 4일에는 이렇게 생각했습니다. 루틴과 함께라면 새해 다짐이 다짐에만 머무르지 않을 거라고 말이죠. 그 다음 날인 1월 5일은 어땠냐면요. 아침에 일어나지 못했습니다. 앓아누웠어요. 몸살이 났거든요.

독감이 유행이기도 했지만 저는 새로 시작한 루틴 때문이라고 확신했습니다. 사흘 동안 짧게는 10분 단위로 달려오는 다음 루틴을 의식하느라 내내 종종거렸거든요. 차가 막혀 예상보다 이동시간이 길어지면 조바심이 났습니다. 새해 안부를 전하는 이들과 카톡을 하면서도 계속 시간을 확인했어요. '아, 다음 루틴 시작해야 할 시간인데…' 하면서요. 실제로 친구에게 다음 루틴 시간이 다가와서 이만 전화를 끊자, 고 말했다가 루친자(루틴에 미친 자)라는 칭호를 얻기도 했습니다.

네, 루친자로 불렸던 이는 3일 만에 병이 났습니다. 땀을 뻘뻘 흘리며 자다가 좀 살만하다 싶으면 핸드폰을 하며 시간을 죽였어요. 바로 전날까지만 해도 일분일초를 의식하며 바삐 지냈는데 말이죠. 저는 침대에 누워서 속으로 외쳤습니다. "루틴? 이게 내 루틴이다!*"

어쩜 그렇게 딱 작심삼일인지 어이없고 웃기지만, 그날 몸살이 나지 않았더라도 얼마 못 가 탈이 났을 거예요. 루틴이란 매일 반복할 수 있는 정돈된 습관을 말하는 것일 텐데, 저는 시간 감옥을 만들어 놓고 스스로를 닦달했으니 말이에요.

---

* 드라마 〈내 남자의 여자〉에서 하유미 배우가 외치는 대사 "교양? 이게 내 교양이다!" 느낌으로 읽어주세요.

그날 오후, 몸과 마음을 추스른 뒤 다시 노트를 펴고 앉았습니다. 빽빽이 들어찬 루틴에 과감히 X 표시를 했어요. 새 페이지에는 매일 꼭 하고 싶은 일 몇 가지만 썼습니다. 옆에는 그 일을 하기 위해 꼭 지켜내고 싶은 시간을 함께 적어 넣었어요. 처음과 달리 여백의 시간이 더 많은 루틴이 완성됐습니다.

새해 다짐도 고쳐 썼습니다. 영어 공부와 소설 쓰기에 과감히 취소 선을 그었어요. 이미 계약한 책들을 예정대로 출간하고(중·대박 이상 나야 하는 이 책 포함이죠) 협업 파트너들과 약속한 일을 완성도 있게 해내려면, 배움이나 창작보다는 휴식과 놀이가 필요할 것 같아서요. 저는 그 자리에 '탐조探鳥하기'를 적었습니다.

몇 년 전부터 가까운 동물 친구가 하나둘 생기며 동물을 사랑하게 되었는데요. 그전까지는 동물을 좋아하기보다 무서워하는 쪽에 가까웠던 것 같습니다. 그런 제가 길을 걸으며 새를 관찰하는 탐조에 관심을 두게 된 건, 시골에 살기 시작하면서부터예요. 아침마다 수풀집 주변의 새들이 어찌나 크게 우는지 알람이 필요 없을 정도거든요. 작가님이 계신 그리고다도 비슷하겠지요?

계절마다 다른 새소리가 늦잠을 깨우는 일이 익숙해지

고, 깊은 밤 들려오는 산새 울음소리가 반가워지다, 처마 밑 둥지에서 쉴 새 없이 입을 벌리는 새끼 새들이 애틋해졌을 때, 저는 궁금해졌어요. 그들의 이름이 무엇인지, 언제 어디에서 와서 또 어디로 날아가는 건지 말이에요. 새들은 땅 위에 발을 딛기도 하지만 어느새 땅을 박차고 하늘로 훌쩍 날아가잖아요. 그래서 유심히 볼 수 없고 더 알고 싶어지는 존재 같습니다. 우리나라에서 겨울을 나고 봄이 되면 북쪽으로 돌아가는 겨울 철새, 봄에 우리나라에서 번식하고 가을에 남쪽으로 이동하는 여름 철새, 봄과 가을에 우리나라를 거쳐 가는 나그네새, 일정 지역에서 일 년 내내 볼 수 있는 텃새 같은 것이 있다는 사실도 신기합니다. 자연, 날씨, 계절 덕후인 제게 '탐조하며 자연에서 놀기'만큼 유혹적인 새해 다짐이 또 있을까요?

    떼 지어 날아가는 철새를 볼 때면 어떻게 길을 잃지 않고 이동할 수 있는지 궁금했다. 어떻게 떠나야 할지 아는지, 어떻게 안주하지 않고 훌쩍 떠날 수 있는지 궁금했다. 하늘과 바다도 구분되지 않는 망망대해에서 어떻게 지금 날아가고 있는 방향이 바르다고 확신할 수 있는지도 묻고 싶었다. 낮과 밤의 길이, 지구의 자기장이나 태양의 위치, 별자리와 후각을 이용한다는 사실을 알았을 때도 마찬가지였다.

아는 것도 쉽게 행동으로 이어지지 않는 게 인간이기에 더욱 그랬다.

_우숙영,《산책의 언어》중에서

    이 문장을 읽자마자 새 도감을 주문했습니다. 작년 10월에 보낸 편지에 백로, 왜가리, 두루미, 황새를 구분할 수 없다고 썼었는데요. 올해는 새를 사랑하는 탐조인이 되어 그들의 정확한 이름을 불러주고 싶어요. 새 도감을 뒤져가며 열심히 공부하고 있으니 기대하세요. 다음번에 작가님을 만날 때는 이제 막 한글을 배워 세상 모든 간판을 모조리 읽어버리는 어린이처럼 만나는 새들을 열심히 호명할 테니 말이에요.

    지난번 송년회는 정말이지 즐겁고 아쉬웠습니다. 마치 영화의 한 장면처럼 눈이 펑펑 내리는 홍대에서 (편집자님 포함) 셋이 함께할 수 있어서 즐거웠고, 시간이 너무 빨리 지나가서 아쉬웠어요. 저녁 6시에 만나기로 한 것이 큰 실수였던 것 같습니다. 다음엔 꼭 낮부터 만나요. 두 번째 실수는 작가님의 삼동초 씨앗과 제 완두콩 씨앗을 물물교환하기로 해놓고 빈손으로 간 것입니다. 일부러 물건을 두고 가서 또 만날 기회를 엿보는 썸녀처럼 의도한 것은 아닌데… 어쩔 수 없이 또 만나야겠네요.

마지막 실수는 제초 호미를 금산에서 사 가지 않은 거예요. 일전에 말씀드렸던 제초 호미는 금산 읍내 농약사에서 산 제품으로 호미의 머리가 날쌘돌이처럼 생기고 그립감이 참 좋습니다. 당연히 온라인에서도 팔 줄 알고 빈손으로 서울로 향했는데요. 동일한 제품이 없었어요. 꼭 크리스마스 선물로 드리고 싶어 인터넷에서 최대한 비슷한 제품으로 구매하기는 했는데, 계속 마음에 걸려요. 농약사 사장님이 특허받은 귀한 호미라 천 원을 못 깎아주신다고 했을 때 눈치챘어야 하는데…. 금산에 놀러 오시기로 하셨으니 그때 농약사 쇼핑 함께 가요. 이번엔 특허받은 호미로 사드릴 테니 기존 호미는 다른 분께 양도하세요.

작가님, 지난 편지에 써주신 집업실 이야기에 얼마나 고개를 끄덕였는지 몰라요. 인지할 일이 없었던 '배관의 기울기'로 인한 문제나 여러 번 겪어보지 못한 '예고 없는 단수'가 흔한 시골이니까요. 겪을 땐 힘겨웠는데 작가님과 편지로 주고받으니 재밌는 에피소드처럼 여겨집니다. 게다가 화장실 이야기를 이렇게 자세하고, 길게 주고받을 수 있는 상대가 있다니요. 저 또한 작가님이라서 할 수 있고 들을 수 있는 이야기들이 이렇게 많다는 사실에 매달 놀라고 있습니다.

"하다 하다 안 되면 숙박업을 하겠다"라고 하셨죠. 저도 그랬어요. 수풀집을 지을 당시에 저는 회사원이었는데요. 회사를 다니다 정히 안 되겠으면 수풀집에 아주 내려와 농어촌 민박을 해야겠다 생각했어요. 농어촌 민박을 하려면 허가받을 수 있는 (주거용 보다 큰) 규격의 정화조를 매립해야 한다고 하더군요. 저는 허가에 적합한 큰 규격의 정화조를 시공하며 수풀민박을 선명히 그리기도 했습니다. 그렇지만 저 역시 민박의 꿈은 접기로 했어요. 아주 가끔 다녀가는 지인들의 방문도 힘겨워하는 제가 싹싹하고 친절한 민박집 주인이 되기는 어려울 것 같아서요.

대신 보다 성숙한 자연 생활자이자 프리랜서로서 새로이 적은 다짐들을 실천해 나가며 올해를 보내려 해요. '다짐'이란 말을 사전에서 찾아보니 '마음이나 뜻을 굳게 가다듬어 정함'이라고 하더군요. 단어 속에 이미 '굳게'라는 의미가 들어 있으니 굳은 다짐 말고 헐렁한 다짐을 하려 합니다. 괜히 또 앓아눕지 않으려면 그래야 할 것 같아요.

1월
예비 탐조인 김미리 드림

추신. 작가님의 새해 다짐도 궁금합니다.

오전 일찍 등유 기름을 채우고(60만 원이었습니다) 마루와 산책을 마치고 속이 허전해서 라면을 하나 끓여 먹고 난로 옆에 앉아 편지를 씁니다. 문경은 영하 14도예요. 산책 코스는 마루가 원하는 대로 가곤 하는데, 너무 추워서 그런지 산책 좋아하는 마루도 짧은 코스로 마을을 돌고 잽싸게 집 업실 대문으로 향하더라고요.

얼마나 추웠으면 깊은 화분에 심어 남향의 창고 안 볕 드는 자리에 둔 대파가 얼었더라고요. 좀처럼 얼지 않는 자리인데도요. 덕분에 점심으로 대파를 가득 넣은 라면을 먹었습니다. 라면을 자주 먹진 않는데 추워서 그런지 속이 허하더라고요. 아침으로 '김치콩나물고구마죽'을 해먹었는데도 부족했나봅니다.

아침에 너무 맛있게 먹어서 김치콩나물고구마죽 레시피를 적어 보아요(다른 반찬 없이도 아주 맛나니 속이 허할 때 드셔보세요!).

1. 찬밥 한 공기에 물 두 컵, 먹기 좋은 크기로 썬 김치 크게 세 숟갈, 고구마 한 개, 버섯 감치미를 1/2 티스푼 넣고 바글바글 끓입니다.

2. 팔팔 끓으면 콩나물 한 주먹 넣고 숨이 죽을 때까지 저어가며 끓인 후 그릇에 담아냅니다.

3. 참기름 반 숟갈, 통깨를 손으로 살짝 부숴서 뿌립니다 (취향에 따라 김가루를 추가해도 좋아요).

새해가 열흘밖에 지나지 않은 시점인데, 작가님의 일상에 이렇게 수많은 다짐이 오고 갔다니 신기한 마음으로 읽었어요. 저는 이상하게 다짐은커녕 '다시 또 일 년을 버텨야 한다니' 하는 암울한 마음으로 새해를 맞이했거든요. 실은 조금 진절머리가 난 상태였습니다. 누군가가 나를 알아봐주길, 내게 적당한 일을 주길 바라며 마음 졸이는 일을 또 일 년이나 해야 한다는 암담함과 동시에 '만약 아무도 일을 주지 않으면 어쩌지?' 하는 불안함으로 보낸 연초였습니다.

저는 연초가 되면 작년에 했던 일들과 벌었던 수입을 회고하며 결산하는데요, 작년은 재작년보다 수입이 줄었어요. 그런데도 그 무수한 숫자들을 보고 있노라면, 이 돈을 대체 어떻게 벌었나 싶더라고요. 이 담당자님은 어떤 경로로 나에게 닿아 일을 같이 할 수 있었을까, 그렇게 닿기 위한 우연을 떠올리면 과연 올해도 그럴 수 있을까 싶고, 거기에 일희일비할 제 모습이 떠올라 벌써부터 진이 빠졌습니다.

정말 돈이 전부가 아닌데 왜 이렇게 돈에 얽매이는 걸까요? 작년에 큰 교통사고가 나고 돈이 전부가 아니란 걸 뼈저리게 느꼈음에도 연초부터 돈에 휘둘리고 있었어요. 한 해를 떠올리면 일과 돈만 떠오르고 그러다보면 곧 잘 불안해졌습니다.

당장 2월 초까지 예정된 협업이 끝나고 나면 아무것도 정해진 일이 없더라고요. 물론 작가님과 주고받는 이 서간문 마감이 극한의 불안함은 잠재워주겠지만 그것은 제게 의미 있는 일을 하고 있음에 대한 정서적 안정감이지 금전적 안정감은 아니에요. 인세가 안정적인 수입이 되진 않으니까요(대박이 나면 모르겠지만, 과거 두 번의 책은⋯ 그랬습니다). 덕분에 연초부터 아무 연락 없는 조용한 나날들에 불안감을 안고서 지냈던 것 같아요. 진절머리 내면서도 어느새 다시 어디나 찾아주는 사람 없나 하며 목을 쭉 빼고서요.

그러다가 어떤 우연인지 일이 들어왔습니다. 디지털드로잉 강의 일인데 강의료도 적당한데다 횟수도 여러 번이라 3월까지 든든해졌어요. 불안함은 온데간데없고 "역시!"를 외치며 약간의 자만감과 함께 마음이 편해졌죠. 그런데 그것도 잠깐이더라고요. "그럼 4월엔?" 하며 다시 불안해졌어요.

한 일주일 지났을까요? 갑자기 이런 생각이 들었어요.

"도대체 언제까지 이렇게 일희일비할거야?"

아무것도 없었던 프리랜서 초창기 시절에는 이름 있는

회사와 일하는 게 중요했습니다. "내 그림 멋지지?"라고 말하는 것보다 "나 이 회사랑 협업했어"라는 말이 제 자신을 증명하기 더 쉬웠거든요. 더 멋진 회사와 일해서 "내가 이 이런 회사랑 일할 정도로 검증된 사람이다"라고 말하는 게 중요한 시절이었습니다. 당연히 '선택받지 못하면 어쩌지?' 하는 불안을 늘 안고 지냈어요. 경력이 쌓이면서 조금씩 나아지긴 했지만, 그런 불안은 지금도 마음 한구석을 차지하고 있습니다. 문제는 그런지도 어느덧 10년째란 거예요. 그럼에도 여전히 일희일비하고 있으니 지칠 만도 했죠.

자연스럽게 이런 물음이 시작됐습니다. "지금처럼 광고주와 플랫폼에 기대며 살다간 계속 그렇게 살게 되지 않을까?" 나의 가치를 알아주는 사람과 같이 일하는 것처럼 즐겁고 보람된 일도 없지만 누군가가 나를 찾아주지 않는다고 해서 불행해지긴 싫었거든요. 그 고민은 이런 결론에 다다랐습니다.

"청탁받지 않은 일을 청탁받은 것처럼 해보자."

작가님께서 지난 편지에 쓰셨던 무용한 일과 결이 비슷할 것 같기도 해요. 당장 돈이 크게 안 되더라도 제가 하고 싶고 잘할 수 있는 일, 제힘으로 멀리 나아갈 수 있는 일을 하려고요. 지금까지 독립출판을 하거나 굿즈를 직접 만들고 팔아보면서 가볍게 시도해봤다면 이번엔 좀 더 길게, 멀리, 오래 버틸 수 있는 일을 해보려고요.

그게 뭐가 됐든 청탁받지 않은 일을 아주 멋진 사람에게 더 멋진 금액과 함께 청탁받은 것처럼 책임감을 갖고 해보자 싶었어요.

구체화하고 가제도 정했어요. 〈EWC〉, Emotion Writing Club의 약자로 '기분 쓰기 클럽'이에요. 누구나 종이와 연필만으로도 자기표현을 할 수 있도록 돕는 드로잉 커뮤니티를 구상했어요. 유명한 회사나 잘 나가는 플랫폼이 보증 서지 않더라도 저란 사람을 믿고 이 클럽에 들어올 수 있도록 핵심 가치를 알차게 구상하고, 그걸 어떻게 전달할 건지 사이트와 소통 창구를 설계하고, 제작과 홍보 일정을 세우고, 비용을 책정하고, 어떤 식으로 굴려 갈지 청사진을 그렸습니다. 대략적인 뼈대를 잡았으니 남은 1월 동안 살을 붙여 구정이 지나면 시도해볼 예정이고요.

꽤나 구체적이죠? 어쩌면 공식적이라고 할 수도 있는 이 서간문에 제대로 준비되지 않은 프로젝트에 대해 구구절절 쓴 이유는 말의 힘을 빌려서라도 해내고 싶기 때문이에요.

청탁받지 않은 일을 스스로 하려니 밀어붙이는 힘도 부족하거니와 좀 전까지 확신에 찬 기획도 몇 시간 뒤엔 시시해

보이더라고요. 초반의 기세와 용기는 일 단위로 줄어들고요. 작년 초 작가님의 인스타 게시물에 제가 쓴 소망도 이루어졌으니 (뉴욕 길거리 걷기) 이번에도 써야겠어요. 편지에 썼으니 이제는 꼭 해야 할 거예요. 되든 안 되든 일단 해야만 해요!

〈EWC〉 프로젝트를 기획하던 중간에 신기한 경험을 했어요. 앞서 말한 디지털 드로잉 강의가 일정 문제로 엎어질 뻔했거든요. 저에게 큰 안정감을 준 일인데 엎어지게 되면 엄청 불안해질 줄 알았거든요? 이상하게도 '엎어져도 괜찮을 것 같은데?' 하는 마음이 들더라고요. 멀리 봤을 때 제게 중요한 건 자립이고, 자립할 수 있는 일을 구체적으로 고민하고 실행하다보니 청탁받은 일이 없어져도 괜찮다고 생각했던 것 같아요. 그러고 보면 제가 불안에서 벗어나는 방법은 두 가지 같아요. 1. 일이 들어오거나 2. 할 수 있는 일을 아주 구체적으로 계획하고 실행하거나. 전자는 제가 마음먹는다고 되는 일이 아니니 후자에 집중해보려고요. 나를 믿고, 멀리 보고요.

저는 이렇게 1월을 보내고 있어요. 사실 생각만 하고 움직이는 게 없어서 저 역시 헐렁한 1월을 보내고 있는 듯합니다. 아마 1월 내내 이렇게 고민하다가 2월이 되어야 움직이겠지요. 이것도 좋은 방법 같아요. 1월 내내 잘 고민하고 생각해서 일 년을 잘 나면 되니까요.

작가님의 '탐조하며 자연에서 놀기' 다짐은 제게도 무척 반갑습니다. 다음에 작가님과 버드 워크를 할 수 있단 소식만으로도 기뻐요. 작년 봄, 브루클린 그린포인트에서 한 달 살기를 했을 때 숙소에서 도보 3분 거리의 맥골릭 파크에서는 토요일 아침 9시마다 버드 워크가 열렸는데요. 준비된 사진과 대조해가며 나무 사이를 오가는 새들을 관찰하고 귀여운 소리를 듣는 산책 프로그램이었어요. 남녀노소, 현지인, 외국인, 국적 상관없이 누구나 와서 참여할 수 있는 프로그램이었지만 한국어로도 모르는 새 이름을 영어로 들으면 알 수 있을까 하는 생각에 참여하지 못했어요.

한국에서 천대받는 비둘기의 자선 보호인이 있을 정도로 새가 사랑받는 공원에서 새 이야기를 듣는 귀한 기회를 왜 놓쳤는지. 돌아오고 나서 후회 막심이었는데 조만간 작가님과 버드 워크를 할 수 있을 거라 생각하니 기쁩니다. 새들을 호명하는 작가님의 반짝이는 눈과 신난 표정, 함께 거닐며 나눌 이야기들이 무척 기대돼요. 새들의 터전이란 고려 없이 개발이라는 명목 아래 멀쩡한 나무도 획획 베어버리는 여기 한국에서 버드 워크가 가능할까 싶었거든요.

지난 편지에 수풀집에선 새소리 덕분에 알람 없이도 일

귀찮

어난다고 하셨지요? 네, 저 역시 그랬습니다. 아침에 눈 뜨면 새소리가 사방에서 들리는 그리고다였어요. 아주 잠깐 방충망 없이 창문을 열면 그 찰나에 작은 새가 들어올 정도로 새가 많은 동네입니다. 그렇게 들어온 새가 다시 못 나가고 여기저기 부딪칠 땐 혼비백산이 되고, 손으로 잡으면 다칠까 잡지도 못해 문과 창문을 다 열어 간신히 내보낸 적도 있어요. 그러니 새소리가 얼마나 좋겠어요. 툇마루에 쪼그려 앉아 새소리를 들으며 실없이 웃던 날이 정말 많아요.

그러던 이곳에 며칠 전부터 새소리가 잘 들리지 않아요. 혹한기라서 그런 것이라 믿고 싶지만, 오늘 아침에도 저희 집 업실 앞산엔 벌목이 한창이었거든요.

마루와의 산책길에 벌거벗은 산을 보고 얼마나 허망하던지 한참을 멍하니 보고 있었어요. '재선충병처럼 분명 무슨 중요한 이유가 있으니 이렇게 벌목하겠지'라고 생각하다가도, 자연은 스스로를 보호하고 회복할 능력이 있는데 전염병이 돌면 포크레인을 이용해 동물들을 산 채로 파묻어 일시에 처분하듯, 나무들도 일시에 살해해 스스로 치유할 기회조차 상실시켜 버리는 것 같단 생각이 들었거든요.

잔인하리만큼 계속된 벌목 작업에 새들이 많이 다치고, 죽고, 놀라서 도망간 것 같아요. 벌목이 아니더라도 기후 위기로 인한 잦은 화재와 폭우, 가뭄, 이상 온도로 새들의 보금자리는 계속 줄어들고 있는데 말이죠. 재선충병으로 전국의 많은 나무가 베어졌다는데 수풀집은 어떤가요?

작가님이 계신 그곳의 나무와 새, 동물 친구들의 안부를 물으며 오늘 편지를 마쳐요. 부디 무탈하길 바라요.

1월
수풀집 친구들의 평온을 바라며 귀찮 드림

추신. @mcgolrickbirdclub 맥골릭 파크의 버드 워크 인스타 계정이에요. 화려한 색과 자태로 위용을 자랑하는 멋진 새들과 호기심 어린 눈으로 탐조하는 사람들을 볼 수 있답니다. 작가님의 탐조에 도움이 될까 하고 공유해보아요. @mcgolrick.flock 이 계정은 맥골릭 파크의 비둘기를 수호하는 자선 보호인 계정이에요. 둘러보시면 재밌을 거예요. 참고로 제가 이름도 얼굴도 소리도 아는 새라곤 참새, 닭, 비둘기, 맷비둘기, 까마귀 정도예요. 만나면 신나게 호명해주세요.

작가님, 송구한 마음으로 일주일이나 늦은 편지를 부칩니다. 남루한 핑계를 대어 보자면, 지난 3주간 수풀집에 오지 못했기 때문이에요. 서울에서 쓸 수도 있겠습니다만, 작가님께 보내는 이야기는 대체로 수풀집에서 길어 올린 소재들로 쓰이거든요. 수풀집에 오지 못하자 소재 주머니가 마르고 말았습니다. 12월의 편지 '해빙의 추억'처럼 기억을 더듬어 과거의 이야길 꺼내볼까 생각하기도 했어요. 그렇지만 이번에는 다시없을 올 2월의 이야길 담아 보내고 싶었어요. 구차하지요? 부끄러운 핑계와 공손한 사죄로 시작하는 편지입니다.

3주 만에 돌아온 수풀집은 조금 썰렁했습니다. 집이 낡는 이유는 사람이 오래 살아서가 아니라 사람의 온기가 사라졌기 때문이라는 말을 체감하며 들어섰어요. 도착해서 제일 먼저 하는 일은 소망님을 살피는 일입니다. 미리 앱으로 보일러와 히터를 가동했는데도 여전히 찬기가 남아 있었어요. 이동 가방에서 나와 조심조심 바닥을 짚어보는 소망이를 무릎에 앉히고 쓰다듬어요. '아이고, 장해. 아이고, 의젓해' 폭풍 칭찬을 하며 불편한 곳이 없는지 살피는 시간입니다. 편도 두 시간 반이 넘는 거리를 좁은 차를 타고 이동하는 건 사람도 힘든 일이잖아요. 차량 이동에 익숙하고 무던한 고양이라고 해도, 감각이 예민하고 본래 영역을 지키며 사는 동물임에는 변함이 없으니까요. 게다가 힘들어도 '눈나, 나 힘들어. 여기 여기 아파' 하고 말을 할 수 없으니 제가 컨디션을 꼼꼼히 살필 수밖에요. 소망이가 무릎을 벗어나 캣타워로 향하면 사료와 물을 챙길 순서입니다. 식기를 공손히 세팅한 뒤에는 소망이 화장실을 점검하러 가요.

보통은 화장실 모래의 양이 적절하고 깨끗한지 확인하기만 하면 끝나는데요. 이번엔 새 모래를 부어주어야 했습니다. 지난번 서울로 향하기 전에 화장실 모래를 버리고 세척해두었거든요. 새 모래를 부어주려고 소망이 화장실 옆 모래 봉지에 손을 뻗었습니다. 모래를 집어 들자마자 온몸에 소름이 돋더군요.

"왜 이렇게 가볍지?"

벤토나이트라는 점토로 만들어진 고양이 모래는 한 손으로 들지 못할 만큼 무겁습니다. 소망이가 사용하는 제품은 한 봉지에 9킬로그램이 넘어 들 때마다 버거워요. 그런데 손을 뻗는 것과 동시에 가뿐하게 들리지 뭐예요? 제가 생각하는 그런 상황이 아니기를 간절히 바라며 재빨리 봉지를 흔들어보았습니다. 순간 저는 망했다는 걸 느꼈어요. 아주 적은 양의 모래가 흔들리며 '치릭, 치릭' 소리를 낼 뿐이었으니까요. 굳이 열어보지 않아도 모래가 얼마나 들어있는지 알 것 같았습니다. 벽장 아래 당당하게 서 있던 모래 봉지가 이렇게 텅 비어있을 줄은 몰랐어요. 큰일이 난 거죠. 수풀집엔 여분의 고양이 모래가 없었습니다. 혹시나 해서 집 안 곳곳과 창고까지 뒤져보았지만 역시나였어요.

캣타워 위에 엎드려 쉬던 소망이가 어느새 곁에 와 있었습니다. 화장실에 가려고 기다리고 있는 눈치였어요. 저는 믿을 수 없어서 봉지를 계속 흔들며 말했습니다.

"소망아, 모래가 없어. 누나가 정말 미안해, 정말… 어쩌지…?"

소망이의 우주 같은 동공에 초점 없는 제 눈이 비치자 그제야 정신이 들었습니다. 저는 얼마 안 되는 모래를 탈탈 털어 화장실에 부었습니다. 평소의 4분의 1도 안 되는 양이었어요. 얇게 깔린 모래를 한쪽으로 모아 면적은 좁게, 두께를 두텁게 만들어봤습니다. 제가 손을 떼자마자 소망이가 바로 화장실로 향했어요. 잠시 후엔 늘 그랬듯 '스륵, 챡, 스륵, 챡'하고 모래 덮는 소리가 났고요. 소망이가 나온 후 재빨리 화장실을 확인해보았습니다. 다행히 남은 모래를 끌어모아 만든 작은 면을 잘 사용했더라고요. 얼마나 고맙고 미안하던지요.

김미리

소망이가 빈약한 화장실을 사용해주자 저는 약간의 평온을 찾았고, 이 사태를 어찌 해결해야 하나 고민하기 시작했어요. 자정에 가까운 토요일 밤이라 읍내까지 나간다 해도 고양이 모래를 살 만한 곳은 없을 게 뻔했습니다. 수풀집은 로켓배송이나 반려동물 쇼핑몰의 당일 배송 혜택을 누릴 수 있는 지역이 아니라는 사실을 빤히 알면서도 괜히 쇼핑몰 앱을 들락거리기도 했어요.

작가님이 계신 집업실 사정도 비슷하겠지요? 물론 작가님은 미리미리 주문하셔서 이런 사태를 초래하지 않겠지만요. 결국 다음 날 읍내 마트 개점 시간에 맞춰 달려가기로 마음먹고 잠자리에 들었습니다. 침대에 누워서도 내내 스스로를 책망했어요. 먹고 싸는 것은 동물의 기본적인 욕구인데 그조차 제대로 살펴주지 않는 엉터리 보호자라니. 그 와중에 놀랍게도 이런 생각을 했습니다. '수풀집에 도착하마자 소재가 생기네?'

글을 쓰는 일, 제가 쓴 글이 누군가의 마음에 닿아 멀리까지 가는 일, 그래서 누군가의 삶에 아주 작은 파장을 일으키는 일. 이런 일들을 귀하게 생각합니다. 하지만 때론 눈꼴사납기도, 두렵기도, 징그럽기도 합니다. 자신 이야기, 주변 사람들의 이야기, 심지어 반려동물의 이야기까지 이렇게 놓치지 않고 글로 쓰는 일이니까요. 기쁨과 슬픔, 행복과 불행, 행운과 불운, 성공과 실패, 어떤 라벨을 붙여 분류해야 할지 알 수 없는 감정과 상태까지도 글감으로 모으는 사람이 되었으니까요. 저는 함께 겪거나 전해들은 수많은 이야기를 나름의 시선이라는 필터를 만들어 통과시키고, 제멋대로 편집한 후 세상에 내보이며 살고 있습니다.

수풀집에 오지 않았던 지난 몇 주 역시 서울집에 머물며 그런 작업을 했습니다. 주로 새 책의 마무리 작업을 했어요. 우여곡절을 거치긴 했지만 책이 될 글들의 마지막 마침표를 무사히 찍었다는 소식을 전합니다. 작업을 마친 지금도 설렘보다 걱정이 크지만요.

작가님이 첫 편지에 그러셨죠. 첫 책을 내고는 '이 짓거리 다신 못 한다' 생각했다고. 지금 제 상태가 딱 그래요. 그러면서 또 다른 책이 될 이 글을 쓰고 있다니 조금 웃기긴 하네요. 그런데 이 글은 책의 원고라기보다 작가님께 보내는 편지니까요.

다음 날 아침엔 마트 개점 시간에 맞춰 집을 나섰습니다. 그런데 마트에 고양이 모래가 없었어요. 나름 대형 마트인데도요. 어쩔 수 없이 다시 차를 몰아 다른 마트로 향했습니다. 그곳엔 한 종류의 고양이 모래가 있었습니다만 소망이가 사용하지 않는 제형이었어요. 초보 집사 시절에 멋모르고 샀던 모래인데요. 부스러기와 먼지가 많이 나서 소망이가 눈병에 걸렸고 한동안 고생했거든요. 어쩔 수 없이 다음, 또 다음 마트로 향했습니다. 몇 곳을 들르고서야 소망이가 쓰는 모래와 비슷한 제품을 찾을 수 있었어요. 처음 마트에서 발견했다면 거들떠보지도 않았을 테지만, 몇 군데 들러보니 지금 제가 소망이에게 제공할 수 있는 최선의 모래라는 판단이 섰습니다.

돌아오는 길엔 한결 여유로워진 마음으로 풍경을 바라볼 수 있었어요. 성치산 아래 물길을 따라 달리며 차창 밖을 내다봤습니다. 크고 하얀 새가 날아가다 강 한쪽에 내려앉는 모습이 보였습니다. 잠시 망설이다 적당한 곳을 찾아 차를 세우고 새가 있는 강가로 조심스레 다가갔어요. 멀리서는 하얀 새만 보였는데 강물 위엔 검은 빛깔의 오리 떼가 자맥질을 하며 먹잇감을 찾고 있었습니다. 새 도감을 넘기던 기억을 더듬었습니다. 하얀 새는 중대백로, 오리 떼는 흰뺨검둥오리 같았어요. 순간 중대백로가 울음을 울며 푸드덕 하늘로 날아올랐습니다. 그 소리에 놀란 흰뺨검둥오리들도 일제히 날아올랐다가 반대쪽 수면에 순서대로 다시 내려앉았습니다. 아름답고 생명력 넘치는 장면이었습니다.

울컥 눈물이 났어요. 살아서 이런 장면을 볼 수 있다니 참 좋다는 생각이 들었습니다. 한동안 한껏 쪼그라들어있던 마음이 자연 앞에서 탁 펼쳐지며 나는 눈물이었을까요? 뜬금없던 눈물의 이유는 잘 모르겠지만 그때 다짐한 게 하나 있습니다. 도시에 살든 시골에 살든, 혹은 어디에 잠시 머물든, 이런 자연에 기대어 힘껏 살자고요.

작가님, 자연은 2월의 끝을 향해 가고 있습니다. 카렐 차페크는 《정원가의 열두 달》이라는 책에 이런 문장을 썼더라고요.

'2월은 일 년 중 가장 짧은 달. 열두 달 가운데 가장 덜떨어진 애송이 달이다. 하지만 꼴에 변덕스럽기 그지없을 뿐 아니라 교활하기로는 열두 달 가운데 단연 최고다. 그러니 조심 또 조심해야 한다. 낮에는 꽃망울을 덤불 밖으로 살살 꼬여 내어선 밤이 되면 얼려 죽이고, 당신을 한껏 유혹하는 듯하지만 속으로는 얼간이 취급을 하는 게 바로 2월이다.'

글을 읽던 당시엔 '2월에게 너무 까칠하시네'라는 마음이었어요. 그런데 2월에 다시 읽으니 차페크가 왜 이런 글을 썼는지 너무나 알 것 같습니다. 만약 2월이 독서를 즐기다가 이 구절을 발견했다면 '앗, 뼈 맞았군' 싶을 거예요.

저는 2월의 변덕과 교활함, 용의주도함에 놀라고 감탄하는 중입니다. 얼마 전까지만 해도 영하를 맴돌던 기온이 며칠 새 영상 17도를 훌쩍 넘었고, 봄인가 싶은 따사로운 햇빛이 불더니 하루 이틀 만에 갑자기 창문을 부술 것 같은 강풍이 불었습니다. 어제는 남부 지방과 제주에 때아닌 호우 특보가 발효되기도 했습니다.

행정구역상 중부 지방이지만 차로 10분이면 남부 지방에 닿는 수풀집에도 많은 비가 내렸습니다. 지붕을 세차게 두드리는 빗줄기는 겨울비 같지도, 봄비 같지도 않았어요. 한여름에 내리는 폭우 같았습니다. 다행히 다음 날 아침에는 비가 개어 산책을 나설 수 있었어요. 동네 어귀부터 시작되는 숲길을 따라 산으로 향했습니다. 2월의 숲은 원래도 한산하지만, 간밤에 많은 비가 내린 터라 인적이 더욱 없었어요. 꽃눈이 통통해진 매화나무와 갯버들을 지나 산속으로 들어갔습니다. 그러다 저 멀리 폭포가 보이는데 저도 모르게 "와아아아아-!" 하며 탄성을 질렀어요. 어마어마한 물줄기가 웅장한 위용을 뽐내며 쏟아지고 있었거든요. 밤사이 내린 비가 폭포수가 되어 흐르고 있었습니다.

폭포 아래에 서자 세찬 물줄기가 제 속으로 쏟아지는 기분이었습니다. 그 순간을 오래도록 기억하고 싶어서 한참이나 서 있다가 겨우 발걸음을 돌려 수풀집으로 돌아왔어요.

지금은 사람과 작은 고양이의 온기로 채워진 수풀집 주방에 앉아 작가님께 편지를 씁니다.

> 때때로 이런 생각을 했어요. 자연에서 얻는 위로와 감상이 삶 속의 어떤 문제를 직접적으로 해결할 방법이 되지는 못한다고요.
> 오늘은 자연이야말로 그런 문제들을 근본적으로 해결할 수 있는 방법이 아닐까 생각하게 됩니다. 산을 오르던 제 마음과 폭포 아래 한참 섰다가 산을 내려온 제 마음이 이렇게 다르니까요. 밤새 내린, 때아닌 비를 묵묵히 맞이하는 산처럼 살고 싶습니다. 삶을 어떤 창작물로 변환해 버리는 스스로가 눈꼴사납고, 두렵고, 징그럽더라도 계속 쓰고 무언갈 만들면서요. 흐르고 흐르다 세찬 물줄기가 되어 쏟아지는 폭포수처럼 살고도 싶습니다. 대체로 어딘지도 모르는 곳을 흐르게 되겠지만 필요한 곳에 닿았을 때는 힘차게 모든 걸 쏟아내고 싶어요.

문경의 작가님께도 어마어마한 물줄기의 기운을 부칩니다. 새로이 시작하시는 〈EWC〉 프로젝트 포함하여 많은 일들을 해내시려면 분명 폭포의 기운이 필요하실 거예요.

2월

마감 지각생 김미리 드림

추신. 오늘 읍내에서 집에 오는 길에도 산을 깎는 모습, 벌목하는 장면을 봤습니다. 살아있음을 실감하게 하는 아름다운 풍경이 존재하는 동시에 그런 풍경이 계속될 수 없게 만드는 순간들을 함께 목격하고 있어요.

아침에 눈 뜨니 블라인드 사이로 어제와 다른 모습이 보였습니다. 엉거주춤 일어나 블라인드를 걷자 일 년 중 제일 좋아하는 순간이 눈앞에 와 있었어요.

함박눈 내린 날이요. 밤새 내린 무거운 눈으로 온 산과 들, 작은 집들의 지붕 지붕이 흰옷을 덮고 있더라고요. 아주 추운 날 내리는 가벼운 눈이었으면 매서운 바람에 쓸려 가는 통에 쌓이지 않았을 텐데 수분을 머금고 내린 눈은 두텁게 쌓여 마을을 설국으로, 풍경을 수묵화로 만들었어요.

저는 눈이 쌓이는 날을 정말 좋아해요. 이 상태로 고립될 수 있어서요. 길이 미끄러워 나가질 못하니 일정을 미루고 약속을 취소할 수밖에 없는 타당한 이유가 생겨서 좋고, 사람 만날 일도 없으니 씻지도 않고 잠옷 차림으로 창밖을 내다보며 잔잔히 내리는 눈을 볼 수 있어 좋아요. 난로에 어묵탕이나 끓여 먹고, 눈 그치면 종종 걸어 다닐 길만 빗자루로 살살 쓸고, 심심하면 눈사람이나 만들면서 하루를 보내는 거죠. 사계절 각각 시골의 낭만이 있지만 그중 최고는 역시 눈이 올 때 아닐까 싶어요.

오늘의 낭만은 마루와의 티타임이었어요. 며칠 전 시내에서 사 온 호빵 두 개를 데우고, 디카페인 커피를 내려 바닥에 앉았습니다. 마루가 앉을 방석과 간식도 준비하고요. 가져온 간식을 날름 먹고 아쉬운 눈으로 쳐다보는 마루에게 "마루 앉아, 기다려, 코, 손, 돌아, 감사합니다" 등 온갖 재롱을 다 시킨 뒤 못 이기는 척 호빵 끄트머리를 살짝 떼어주기도 했어요. 작가님이 소망이를 무릎에 앉히고 폭풍 칭찬하며 쓰다듬어주었을 때처럼 그리고다에도 온기가 채워졌습니다. 따스해진 작업실에서 마루는 낮잠을 청하고 저는 책상에 앉아 이 편지를 쓰기 시작했어요.

지난 편지 속 흰뺨검둥오리와 중대백로 이야기는 무척 반가웠습니다. 실은 저 역시 새 이야기를 꺼내려던 참이었거든요. 제가 새를 발견했을 때도 생명력 넘치는 순간이었어요. 작가님의 그것처럼 아름다운 모습은 아니었지만요.
며칠 전 마루와 산책 후 집으로 돌아오던 길이었어요. 어디선가 파드득거리는 소리가 났습니다. 흠칫 보고는 개구리나 두꺼비가 벌써 겨울잠에서 깬 줄 알았는데 자세히 보니 그물에 걸린 손바닥만 한 작은 새였어요.

노루나 고라니가 농지에 들어오지 못하게 가장자리를 따라 막아둔 초록색 그물망 아시죠? 그 망을 두 겹으로 덧대어 울타리를 세운 바람에 작은 새가 무심코 들어갔다 못 나오고 있더라고요. 파드득파드득 한번 하고 나면 한참을 숨만 쉬었다가 다시 파드득거렸어요. 이미 망에 걸린 지 오래되어 지칠 대로 지친 느낌이었지요.

날아갈 수 있도록 망을 젖혀주어도 나가지 못하길래 살펴보니 발목에 아주 가는 섬유가 촘촘하게 감겨 있었습니다. 어떻게 그렇게 칭칭 감겼는지 가뜩이나 얇은 발목이 샤프심처럼 얇아져 있었고 그 위로는 퉁퉁 부었더라고요. 풀어보려 했지만 소용없었어요. 섬유는 가늘고 단단히 엉겨 있는데 제 손은 뭉툭하고 서툴렀습니다. 새와 제 손이 움직이면 움직일수록 섬유가 조여드는 탓에 발목이 이리저리로 휘어졌어요. 이대로라면 부러지거나 끊어질 것 같아 집에 가서 가위를 가져와 발목 주변의 섬유를 잘라내야겠다 싶었죠.

그 순간 작은 새가 날아갔습니다. 어떻게 날 수 있었는지 모르겠어요. 포기하려던 때 파드득하고 빠져나갔어요. 사진을 찍거나 생김새라도 기억해두었다면 작가님께 어떤 새인지 물어볼 수 있었을 텐데 그럴 겨를이 없었습니다. 아쉽지만 이 일을 안타까워하고 또 다행이라 여길 것 같은 사람에게 전할 수 있어 기뻐요.

요즘 제 산책 필수품엔 늘 챙겨 다니는 동네 강아지 간식 말고도 큰 봉지와 목장갑이 추가되었습니다. 며칠 전부터 플로깅을 시작했거든요. 실은 산책할 때마다 하천과 들판에 버려진 농약 빈 병과 비료 포대, 막걸리 통, 둘둘 말에 처박힌 멀칭 비닐* 등을 보며 어르신들이 야속했어요. 마을 초입에 농약 빈 병 수거함이나 폐비닐 처리장이 버젓이 있는데도 마치 밭 옆이 쓰레기장인 것처럼 한 편에 쌓아두시니까요. 그렇게 쌓인 쓰레기들은 바람 한번 불면 하천과 들판으로 흩어져 때로는 줍기도 어려운 곳에서 물과 토양을 오염시켜요.

하필 그런 곳의 농약 빈 병은 얼마나 잘 보이는지 아름다운 시골길을 기분 좋게 산책하다 눈살을 찌푸리거나 시골살이에 잔뜩 기대를 품고 놀러 온 친구들과 동네를 걷다 얼굴이 화끈거린 적도 많아요. 이런 마음을 말하자니 무릎과 허리도 안 좋으신 어르신들께 매번 쓰레기장까지 가라는 것 같아 무례하고, 모른 채 넘어가자니 답답한 마음이었습니다. 그러다 보이기라도 하려고 쓰레기를 줍기 시작했어요. 젊은 친

---

* 작물을 심은 흙 위에 볏짚이나 낙엽을 덮어 잡초와 수분 손실, 냉해를 방지하는 농사법

구가 농약 빈 병이나 비료 포대를 줍고 다니는 모습을 보면 그래도 덜 버리시겠지 하면서요.

최근 주운 것 중 가장 큰 쓰레기는 사과 농사에 쓰이는 은박 비닐이에요. 추석이 가까워져 오면 사과 표면을 고르고 선명한 붉은색으로 내기 위해 반사판용 은박 비닐이 온 밭에 깔리거든요. 애석하게도 그 큰 은박 비닐이 집 앞 하천 바위에 반쯤 감겨 있더라고요. 사방이 과수원이니 가을에 쓰이고 버려져 바람을 타고 돌아다니다 하천에 걸린 거겠죠. 그대로 두면 금세 미세플라스틱이 될 것 같아 줍기로 했습니다. 날이 가물어서 하천까지 내려가는 데 큰 문제가 없었지만 바위와 은박 비닐 사이에서 뭐가 나올까 무서워 긴 나무 막대기를 들고 건져내듯 주웠어요.

이렇게 과감히 줍는 것도 이 계절에만 할 수 있는 특권이에요. 날이 따스해지면 동물들이 깨어날 테고 제가 사는 문경엔 뱀이, 특히 아주 위험한 독을 가진 까치살무사가 정말 많거든요. 그땐 물기가 있는 곳은 얼씬도 못 할 거예요. 특히 마루와의 산책 시간에는요. 바짝 마른 곳을 골라 집게를 들고 플로깅해야겠죠.

낭만으로 시작한 편지인데 어느덧 무거운 이야기로 변했네요. 같은 것을 봐도 누군가는 좋은 쪽을 바라본다는데 저는 왜 이런 것들이 눈에 더 밟히는지 모르겠어요. 작가님이 발견한 폭포수처럼 산책하면서 경이로운 자연을 발견하길 바랐는데 발걸음을 멈추게 하는 것들이 모두 자연을 해치는 것들이라 결국 이렇게 암울한 편지를 쓰고 있습니다. 하지만 이런 이야기 역시 누군가는 해야 한다고 생각해요. 초록빛 나무 사이에 윤슬이 빛나는 곳도 시골이지만 개천 사이로 나부끼는 비료 포대와 반쯤 벗겨진 비닐하우스의 모습 역시 시골이라는 것을요.

한편으론 그런 곳에 정을 붙이고 산다는 게 새삼 대단한 일 같기도 합니다. 이런 플라스틱 문제를 차치하더라도 우리가 시골에 살기 때문에 해야 할 일들이 참 많잖아요. 도시에선 바깥에서 힘든 하루를 보내고 나면 문을 열자마자 침대로 직행했는데 시골에선 힘들어도 그럴 수가 없어요. 대문을 열자마자 눈에 밟히는 일거리 때문에 집 안에 들어가기는커녕 가방 풀 새도 없이 한참을 마당에서 치우고 버리길 반복하니까요. 낙엽을 쓸고, 넘어진 지지대와 화단을 정리하고, 제멋대로 자란 작물의 가지치기를 비롯해 봄부터 시작해서 가을까지 계속되는 잡초 제거, 격년에 한번은 해줘야 할 페인트칠이나 스테인칠, 달에 한 번은 해야 할 마당 물청소, 틈틈이 벌어지는 허락 없이 전세 낸 말벌 집과의 사투, 무더위에 말라 죽은 개구리나 민달팽이의 사체를 치우는 일까지. 가끔은 여기가 휴식을 위한 공간인지 일거리 장만을 위한 공간인지 분간이 어려울 정도로 시골집이 피곤하게 느끼기도 해요.

> 그럼에도 이 불편한 삶을 고집하는 건 작가님이 말씀하신 대로 자연에서 얻는 위로와 감상이 삶의 문제를 근본적으로 해결하기 때문 같아요. 저 역시 막막하고 두려운 일들, 경솔했던 행동, 돌이킬 수 없는 선택에 대한 후회가 자연 속을 거닐다 해결될 때가 많거든요. 물결처럼 일렁이는 논, 구름의 그림자가 드리운 산등성이, 홀로 마을을 비추는 달. 자연이 선물한 순간을 만날 때마다 머릿속에 꽉 차 있던 문제를 한 걸음 떨어져 보게 되더라고요. 그리고 깨달아요. 그 모든 게 사소한 일임을요. 이런 자연 속에 숨 쉬고 있다는 사실이 무겁게 느껴졌던 일과 덤덤히 마주할 용기를 주더라고요. 흰뺨검둥오리와 중대백로를 보며 왈칵했던 작가님의 마음도 이런 감정 아니었을까요? 그렇기에 저 역시 조금 귀찮고 힘들어도 자연에 기대어 살 수 있는 이 삶을 스스로에게 가능한 한 오래 선물해주고 싶어요. 막막하고 힘들면 언제든 달려가 위로받을 수 있는 일상을요.

금산의 폭포를 보진 못했지만 편지를 읽으며 높은 곳에

서 떨어지는 세찬 물줄기를 맞은 것처럼 개운해졌어요. 돌이켜보니 그 힘으로 열심히 쓰레기를 줍고 새를 살렸던 것 던 것 같아요. 맥주 한 캔이 간절할 때 슬리퍼 끌고 나가 살 수 있는 편의점도 없단 사실에 조금 서글퍼지기도 하지만 그럼에도 거대한 자연의 곁에 머무르려는 우리의 시골살이를 응원해봅니다. 걱정과 불안으로 가득 찬 날에도 각자의 자연에서 씩씩해지길 바라며 답장을 부쳐요.

2월
폭포수의 기운으로 씩씩해진 귀찮 드림

김미리

찰밥을 위한
여정

함박눈 내린 날의 이야길 보내주신 작가님의 편지를 읽고 있자니 얼마 전 일이 떠오릅니다. 그날 아침엔 이곳 수풀집에도 눈이 내렸습니다. 눈을 뜨니 밤사이 내린 눈이 수풀집 지붕과 마당, 멀리 보이는 산을 폭삭하니 덮고 있더라고요. 저 역시 작가님처럼 흰 눈이 쌓인 집에서 고립되는 일을 좋아해요. 아무도 밟지 않은 깨끗하고 너른 눈밭을 걷다 들어와서 김이 모락모락 나는 따끈한 음식을 만들어 먹고, 지붕 위에 자리 잡았다 어느새 처마를 타고 비처럼 똑똑 떨어지는 눈의 행보를 감상하는 건 아무 때나 누릴 수 있는 게 아니니까요.

이날은 예외였습니다. 눈이 반갑지 않았어요. 친구와 산행을 가기로 한 날이었거든요. 새벽까지 내리던 눈은 그친 상태였지만 목적지인 덕유산의 상황이 어떤지는 알 수 없었습니다. 날씨 예보를 확인한 뒤 국립공원공단 홈페이지에 접속해 덕유산 국립공원의 통제정보를 확인했습니다. 대부분의 구간이 폭설로 통제된 상황이었어요. 통제된 구간은 지도 위에 빨간 선으로 표시되는데 지도가 온통 빨갛더군요.

잠시 고민했습니다. 일정을 취소해야 하는 걸까 싶었어요. 한참 동안 마음을 정하지 못하고 갈팡질팡하다가 일단 출발하기로 했습니다. 오전 9시나 10시 기점으로 통제가 해

제되는 경우도 있으니 그를 기대해봐도 좋고, 끝끝내 해제되지 않으면 산 아래 식당에서 맛있는 밥을 먹으며 산을 바라보다 돌아오는 것도 나쁘지 않을 것 같아서요. 전날 밤 머리맡에 챙겨둔 등산복을 입고 배낭을 챙겼습니다. 아이젠과 등산스틱 그리고 정월대보름을 맞아 준비한 찰밥과 나물 반찬을 넣어 묵직해진 배낭을 메고 대문을 나섰어요.

덕유산으로 향하며 바라본 차창 밖 풍경은 태어나서 본 설경 중 가장 아름다웠습니다. 눈앞의 아름다움을 표현하고 싶은 마음은 간절했는데 막상 제가 내뱉은 말은 '우와…' '세상에!' 같은 외마디 감탄뿐이었어요. 우숙영 작가가 《산책의 언어》라는 책에 쓴 것처럼 자연을 이야기하기에 제가 가진 언어가 가난한 탓이겠지요. 조수석에 앉아 창밖을 바라보며 생각했어요. 취소하지 않고 나오길 정말 잘했다고, 산에 오르지 못하더라도 괜찮을 것 같지만 혹 산에 오른다면 정말 엄청난 풍경을 볼 수 있을 것 같다고.

차로 40분쯤 더 달렸을까요. 덕유산 아래 위치한 단골 식당에 도착했습니다. 출발 전부터 정해둔 메뉴, 돌솥비빔밥을 주문하자 정갈한 나물 반찬부터 상 위에 차려졌어요. 곧이어 돌솥도 지글지글 소리를 내며 등장했습니다. 저는 뜨끈한 돌솥비빔밥을 뜨고 향긋한 나물 반찬을 집으면서도 중간중간 핸드폰을 확인했습니다. 국립공원공단 홈페이지를 열심히 새로고침한 거죠. 그때까지도 지도 위 빨간 선들이 여전했습니다. 시계를 보니 어느덧 오전 10시가 지나 있었습니다. 혹시나 하는 마음으로 식당 사장님께 여쭈었어요.

"사장님, 10시 넘어서 입산 통제가 해제되는 경우도 있나요? 오늘 산행할 수 있을까요?"
"글쎄요, 가끔 정오가 지나서 해제되는 경우도 있긴 한데… 잠시만 계셔 보세요. 제가 한번 물어볼게요."

사장님은 어디론가 전화를 걸어 누군가에게 오늘 입산이 가능하겠냐고 물으셨어요. 사장님만의 핫라인이 있는 모양이었어요. 저와 친구는 돌솥 바닥에 눌어붙은 누룽지를 닥닥 긁으며 사장님 전화는 개의치 않는 척, 쿨한 척을 했습니다. 산에 못 올라가도 괜찮은 체했던 거죠. 하지만 사실 저희의 온 신경은 사장님의 통화에 쏠려 있었습니다.

"어쩌죠. 오늘은 아예 어려울 것 같다는데요? 위에서 열심히 길을 만들고 있는데 속도가 안 나는 모양이에요."

속이 상했어요. 친구의 표정을 보니 비슷한 마음인 것 같았어요. 사람 맘이 참 그래요. 수풀집에서 출발할 땐 산 아래서 눈 구경 실컷 하고 맛있는 밥만 먹어도 충분하다고 생각했는데 막상 오니까 '그래도 이왕이면' 하는 생각이 든 거죠. 아쉬운 마음으로 식당을 나섰습니다.

그런데 차를 돌려 수풀집으로 돌아가는 길, 슬슬 해가 나는 게 아니겠어요? 멀리 보이는 산봉우리들은 하얀 빛깔을 지우고 이전의 색을 되찾기 시작했습니다.

"근데 있잖아. 배낭에 찰밥이랑 나물 있다? 향적봉에 올라서 먹으려고 했는데…"

수풀집이 가까워져 오자 저는 아침에 챙겼던 찰밥의 존재가 떠올랐어요.

"등산하고 먹었으면 진짜 맛있었을 텐데. 아쉽네. 이따 저녁으로 먹자."

친구가 저녁으로 먹자고 답했을 때, 그때 멈췄으면 그 소동이 없었을까 하는 생각을 이제와 합니다. 하지만 그날의 저는 무슨 바람인지 동네 산이라도 가자는 말을 건넸습니다.

"성치산이라도 갈까? 오가며 소화시키고 찰밥 먹고 오면

김미리

어때? 해 나서 이제 눈도 다 녹았네."

    성치산은 충청남도와 전라북도 경계에 있는 산으로 작가님도 이미 알고 계신 산이에요. 지난 편지에 이야기했던 폭포, 바로 그 폭포를 품은 산이거든요. 수풀집에 자리 잡은 지난 5년간 수없이 오르내린 산이자 평소엔 크록스를 신고서 뛰어오르는 익숙한 산이죠. 너무 가까워서인지 늘 중턱까지 오르다가 발걸음을 돌리는 산이기도 합니다. 언제든 오를 수 있다고 생각해서인 것 같아요. 오늘은 정상인 성봉까지 가보자 싶었어요. 정오에 가까운 시각, 저희는 성치산 아래 주차장에 차를 대고 산행을 시작했습니다. 왕복 10킬로미터가 조금 넘는 완만한 코스니 여유 있는 걸음으로 다녀와도 3시간 30분이면 충분하겠다 싶었어요. 눈이 내린 뒤라 길이 조금 미끄러울 수 있을 테지만 배낭에는 아이젠과 등산스틱까지 있으니 큰 걱정이 없었습니다.

    반짝 해가 나서 등산로의 눈은 대부분 녹아 있었습니다. 조용한 산속엔 콸콸콸 물이 흐르는 소리, 나무 위에 쌓인 눈이 한꺼번에 투둑투둑 떨어지는 소리만 가득했습니다. 좀 더 깊은 산길로 접어든 후 큰 숨을 들이쉬니 차가운 공기가 가슴을 가득 채우다 못해 머릿속까지 시원하게 만드는 것 같았어요. 추운 날 기어코 산에 오르려던 이유가 이것 때문이었구나 생각했습니다. 그렇게 물기를 머금은 산 풍경을 감상하며 한 시간 정도 걸었을까요? 정상인 성봉까지 이제 일 킬로미터가 남았다는 이정표가 보였습니다.

그때부터 갑자기 산세가 험해지고 길이 좁아졌어요. 눈이 와서 그런지 산길이 유난히 낯설기도 했습니다. 두 발로 걷기가 쉽지 않았어요. 안 되겠다 싶어 배낭에서 등산스틱을 꺼냈습니다. 그런데도 계속해서 미끄러지고 넘어지게 되더라고요. 나뭇가지 위에 뭉쳐 있다 떨어진 눈덩이, 미처 녹지 않은 눈, 계곡 주변의 살얼음, 겨우내 쌓인 낙엽 더미, 바위 위의 이끼들이 계속해서 발걸음을 붙잡았습니다. 친구도 사정이 비슷했어요. 결국 둘 다 멈춰 서서 아이젠까지 꺼내 신은 뒤 다시 산행을 시작했습니다.

이상하죠. 가도 가도 성봉이 나오지 않았어요. 일 킬로미터면 벌써 도착하고도 남았을 시간인데 말이에요. 혹시 길을 잘못 든 게 아닐까 싶어 걱정되기 시작했을 때, 마침내 산 정상에 도착했습니다. 정상석 앞에서 기념 촬영을 하고, 친구 독사진도 찍어주고, 제 독사진도 찍고, 둘이 함께 셀카도 찍었어요.

자리 잡고 앉아 찰밥을 막 꺼내려던 순간이었습니다.

"근데 왜 성봉이라고 안 쓰여 있지?"

친구가 핸드폰을 내밀며 물었습니다. 친구가 보여준 것은 성봉에서 기념 촬영을 했다는 다른 등산객들의 사진이었습니다. 사진 속 바위에는 한글로 '성봉'이라는 두 글자가 크게 새겨져 있었어요. 반면 저희가 독사진을 찍고 함께 셀카도 찍은 바위에는 아무런 글자도 쓰여있지 않았고요. 공중에서 마주친 저희 둘의 눈동자는 마구 흔들리기 시작했습니다.

"헐! 여기가 아닌가봐!"

당황한 저와 친구는 급히 배낭을 여미며 일어났습니다. 정신없이 주변을 돌아봤지만 방금 사진을 찍은 바위 말곤 정상석으로 보이는 바위가 없었어요. 더 이상 오를 곳이 없는 산의 능선이니 여기가 꼭대기가 맞는 것 같은데, 도대체 성봉이 어디 있는 것인지 모르겠더라고요. 당황한 채 정처 없이 걷던 저희는 능선의 끝에 다다랐고, 발 디딜 곳 없는 낭떠러지를 만났습니다. 친구와 저는 이쪽이 아닌 것 같다며 다시 반대쪽으로 향했어요. 그런데 그곳도 또 다른 낭떠러지일 뿐 성봉도 다른 길도 없었습니다. 아무래도 성봉이 일 킬로미터 남았다는 이정표를 본 직후에 등산로가 아닌 곳으로 방향을 잘못 잡은 모양이에요.

"성봉은 아니지만 여기서 찰밥 먹을까?"

친구가 물었습니다. 저는 아니라며 고개를 저었어요. 두 시간 후면 해가 질 텐데 얼른 하산하지 않으면 위험한 상황을 만나게 될 것 같아 불안해졌어요. 그런 맘으로 급히 먹다간 체할 것 같기도 했고요. 성봉을 찾는 것은 포기하고 왔던 길을 되짚어 얼른 하산하기로 했습니다. 능선을 헤매고 다니는 사이 시간이 꽤 흘렀고 하늘이 흐려지기 시작했거든요. 이런 날씨라면 어둠이 더 빨리 찾아올 것 같다는 생각이 들었습니다. 시계를 보니 산행을 시작한 지 세 시간이나 지나 있었습니다.

정상석인줄 알았으나 사실은 아니었던 바위에서 다시 출발하기로 했습니다. 왔던 길 그대로 돌아가면 되니까요. 그런데 한참을 걸어도 저희가 올라왔던 그 길이 보이지 않았어요. 아까부터 계속 같은 길만 맴돌고 있다는 사실을 깨달았습니다. 그때부턴 정말 정신이 없더라고요. 내내 태연하던 친구의 얼굴에도 두려움이 보였어요. 왔던 발자국을 따라가보기도 했지만, 아까 진짜 성봉을 찾겠다며 능선을 왔다 갔다 하는 바람에 수십, 수백 개의 발자국이 섞여버린 뒤였습니다. 마음이 급해진 저희는 비탈을 미끄러지며 길을 만들기 시작했어요. 그러면서 체력이 뚝 떨어졌고 친구의 신발과 바지가 흠뻑 젖어버렸습니다. 조금 더 헤매면 체온이 떨어지고 위험한 상황이 될 것 같았어요.

"안 되겠다. 구조요청하자. 이제 일몰까지 한 시간밖에 안 남았어."

고민을 거듭하다 결국 119에 전화를 걸었습니다. 연결된 119 상황실에서는 제일 먼저 핸드폰 배터리가 얼마나 남았는지 물으셨어요. 제 핸드폰 배터리는 15퍼센트밖에 남지 않았지만 다행히 친구의 핸드폰 배터리는 80퍼센트 넘게 남아 있었습니다. 이어 부상자 유무를 확인하셨고 위치 파악에 필요한 여러 질문을 하셨습니다. 그러곤 말씀하셨죠.

"지금 바로 출동하겠습니다."

너무나 든든하고 감사한 말이었습니다. 물론 전화를 끊은 뒤에도 두렵기는 했어요. 부상자가 있는 위급한 경우가 아닌 이상 119 구조대원님들도 등산객들과 같은 길로 이동하시는 데다, 산속에서는 위치추적이 정확하게 되지 않기 때문에 저희를 찾기까지 시간이 걸릴 수 있다고 하셨거든요. 가능하면 저희도 원래의 등산로를 찾기 위해 노력해야 할 것 같았습니다. 중간중간 전화로 저희의 위치와 상태를 확인하시던 구조대원 선생님께서는 물소리를 듣고 물길 가까이로 이동해보라고 하셨어요. 친구와 너무 멀어지지 않도록 주의하면서 방향을 나누어 계속 길을 찾았습니다. 30분쯤 지났을까요. 친구의 외침이 들렸어요.

"미리야! 여기, 길! 여기 길 있어!!!"

몇 시간 동안 정신없이 오르내리며 찾을 땐 보이지 않았던 길을 구조요청하고 얼마 지나지 않아 찾은 거였어요. 기쁘고 반가워서 거의 구르다시피 내려왔습니다. 엉덩방아를 찧고 넘어지기도 했지만 아픈 줄도 몰랐어요. 구조대원 선생님께서 말씀하셨던 물길도 보였어요. 조금만 더 내려가면 등산로를 찾을 수 있을 것 같았습니다. 구조대에 상황과 위치를 설명하며 고도가 낮은 곳을 향해 계속 걸었어요. 잠시 후, 마침내 등산로를 찾았습니다. 마지막으로 봤던 이정표, 성봉이 일 킬로미터 남았다던 그 이정표가 있는 곳이었어요. 구조대에 전화를 걸어 이제 등산로로 접어들었다고, 여기서부터는 아는 길이라 찾아갈 수 있다고, 정말 죄송하고 감사하다고 말씀드렸어요. 그럼에도 구조대원 선생님들은 저희를 데리러 오시겠다고 하셨습니다. 안전하게 하산하는지 끝까지 확인하셔야 한다고요. 그렇게 저희는 등산로 중간에서 만나기로 했습니다.

잠시 후, 저와 제 친구는 남색과 주황색이 섞인 유니폼을 입은 119 구조대 선생님들을 만났습니다. 무려 다섯 분이었어요. 만약 저희가 등산로를 찾아 나오지 못하면 흩어져 수색해야 하니 여러 분이 출동하신 거죠. 이렇게 깊은 산속까지 구조하러 와주셔서 감사하다고, 소동을 만들어 귀한 시간과 에너지를 낭비하시게 해서 죄송하다고 허리 숙여 인사드렸어요. 나무 위에 쌓인 눈들이 등산로를 지워서 눈 온 뒤엔 종종 이런 일이 생긴다며 괜찮다고 하셨는데, 그럴수록 저는 더 죄송해져서 고개를 푹 숙이고 구조대원님들의 뒤를 따랐습니다. 뒷짐을 지고 사뿐사뿐 내려가시는데도 걸음이 얼마나 빠른지 따라가기가 벅차더라고요. 그래도 저희가 얼른 따라 내려가야 복귀하실 수 있으실 테니 헉헉거리며 열심히 산을 내려왔어요.

산의 초입에 이르러서야 모든 구조대원 선생님들의 얼굴을 제대로 마주할 수 있었습니다. 전화로 물길을 찾으라고 말씀하셨던 구조대원님, 산행할 땐 '산길샘' 앱을 꼭 설치하라고 말씀하신 구조대원님, 아직은 앳된 얼굴의 구조대원님, 물이 넘친 징검다리를 건너다 신발을 적셨다는 구조대원님, 말없이 내내 앞장서시던 구조대원님께 다시 한번 배꼽 인사를 드리며 감사를 표했어요. 차량을 타고 떠나는 구조대원 선생님들을 배웅한 뒤, 저희 둘은 후회와 안도의 한숨을 쉬었습니다. 산행을 시작한 지 여섯 시간이 지난 후의 일입니다.

정말이지 부끄럽습니다. 저로 인해 꼭 필요한 곳에 구조력이 쓰이지 못했을까봐 마음이 무거워요. 동시에 더없이 감사하기도 합니다.

덕유산이든 성치산이든, 그날 저는 제가 원하는 곳에서 원하는 일을 하러 나섰다가 이런 일을 겪은 거잖아요. 하지만 구조대원님들은 매번 이렇게 타인의 의지와 행동으로 벌어진 일들, 또는 이유를 알 수 없이 자연에서 벌어지는 재해들에서 다른 존재들을 구조하기 위해 위험을 무릅쓰고 있다는 사실을 실감합니다.

때로는 그로 인해 목숨을 잃거나 몸과 마음을 다치시는 분들도 계시지요. 직업인으로서든 누군가의 가족으로서든 사회 구성원으로서든 그게 두렵고 힘들지 않을 리 없는데, 변함없이 자신의 자리에서 묵묵히 일한다는 게 얼마나 대단한 일인가를 생각해봅니다. 얼마나 귀하고 감사한 일인지 알게 되어서, 한 번이라도 더 감사를 표하고 싶어서, 이렇게 길고 부끄러운 이야기를 편지에 담아 작가님께 보내요.

김미리

결국 찰밥은 수풀집에 돌아와서 먹었습니다. 눈물의 찰밥을 먹고 잠이 든 후 계속해서 낭떠러지로 떨어지는 꿈을 꿨어요.

3월
부끄럽고 감사한 마음으로 김미리 드림

귀찮

시골 생활의
빛과 소금

작가님, 어느덧 봄입니다. 지난 편지만 해도 우리 둘 다 함박눈에 고립되었는데 어느새 집 앞 개울 위로 매화나무 꽃이 피었어요. 놀랍죠? 꽃이 피는 계절이라니.

오늘은 마루와 산책을 하다가 광대나물 비슷한 꽃도 보았는데 알고 보니 현호색이라는 꽃이었어요. 꽃만 비슷하고 이파리는 다르게 생겼지만 보랏빛 꽃을 보니 작가님과 광대나물 이야기를 나누던 게 벌써 작년이구나 싶더라고요. 신기하죠. 쪼글쪼글한 완두콩 이야기로 시작했던 편지인데 다시 완두콩을 심기 좋은 계절이 온 거잖아요. 새삼스럽지만 아주 긴 계절을 지나온 것 같아 묻고 싶어졌어요. 그동안 잘 지내셨나요?

오늘 저희 마을에는 작가님의 지난 편지 속 구조대원 선생님들만큼이나 귀한 손님이 다녀가셨어요. 고작 일 년에 한 번 뵙는 것뿐인데 볼 때마다 얼굴이 화끈거리고, 죄송하고, 송구하고, 감사한 분. 아이스크림 차도 아닌데 후진할 때마다 클래식한 오르골 음악을 들려주시는 분.

눈치채셨을까요? 바로 분뇨 수거 차 선생님이요. 언젠가 작가님께서 수풀집으로 이사 온 지 얼마 되지 않아 상하수도관이 생겼다고 말하셨던 것 같은데, 그리고다는 시내 버스로 종점까지 가야 닿는 아주 깊은 곳에 위치해 아직 상하수도시설은 물론 오수관도 안 들어와 있어요. 마시고 씻을 때 쓰는 상수는 높은 산에 마을 공용 물탱크를 놓고 쓰고, 오수는 마당의 정화조를 통해 걸러진 뒤 바깥의 개천으로 나가죠. 창피한 이야기인데, 지금 집을 고치기 시작할 때 동파로 배관이 터져서 모든 배관을 다 새로 했지만 유일하게 정화조 통만 이전 걸 그대로 썼어요. '용량도 적고 오래됐지만, 어차피 눈에 보이는 것도 아닌데' 하면서요. 헌 집 고치는 데 얼마나 돈이 많이 들던지, 예상을 훨씬 뛰어넘는 큰 공사 금액 덕분에 만 원 한 장이 아쉬운 상황이었거든요(그래서 2018년 8월 4일 다이어리에 쓴 일기엔 '통장에 10원 한 푼도 없다…'라고 적혀 있어요 하하). 덕분에 매년 이맘때 즈음 마음이 닳습니다.

뵐 때마다 창피하고 부끄럽지만 분뇨 수거 차 선생님이 오시지 않으면 먹고 배출하는 아주 기본적인 생활도 유지할 수 없으니까요. 오늘 선생님께서 정화조 뚜껑을 여시니 보이는 찰랑찰랑하게 찬 오수를 보며 또 후회했어요. 얼마 한다고. 그냥 그때 큰 걸로 하나 들일 걸, 하고요.

"아이고 늦게 왔으면 큰일 날 뻔했네."

뚜껑을 열자마자 올라오는 역한 냄새에도 선생님께서는 얼굴 하나 찌푸리지 않고 말씀하셨어요. 이어 저에게 수도 호스를 가져다 달라고 부탁한 뒤 큼지막한 양동이에 물을 가득 받으시고, 뚱뚱한 초록색 차에서 끌고 온 흡입기를 정화조에 넣어 오수를 빨아들이기 시작하셨죠. 작업이 진행될수록 진해지는 가스 냄새에 머리가 아파 가까이 있기도 힘든데 선생님은 큰 눈을 부릅뜨고 정화조 안을 적극적으로 훑으셨어요. 과감한 몸동작에 혹여나 선생님의 손이나 옷, 주변으로 오물이 튈까 걱정했지만 선생님께서는 어디에도 작은 얼룩 하나 남기지 않고 신속, 정확, 명확하게 정화조를 비워내셨습니다. 그리곤 미리 받아둔 물로 흡입기와 정화조 주변을 가볍게 헹궈낸 뒤 호스로 다시 한번 깨끗하게 씻고 뚜껑을 닫으셨죠.

"휴" 지독한 노동이 끝났음에, 다시 일 년을 무탈히 생활할 수 있단 사실에 안도의 한숨이 절로 나왔습니다. 선생님의 고된 노동을 눈앞에서 보고 나니 얼마를 부르시든 부르는 대로 드려야 할 것 같았는데, 선생님은 이번에도 작년과 똑같이 말하셨어요.

"4만 원 입금해주세요."

물가는 매년 무섭게 오르는데 분뇨 수거 차 선생님의 노동 가격은 그대로였어요. 노동의 가치로 봐선 요즘 같은 고물가 시대가 아니더라도 진작 올렸어야 할 것 같은데 시골의 어르신을 대상으로 하는 업이다 보니 가격 인상이 쉽지 않은 것 같더라고요. 선생님께 시원한 음료를 쥐어드리고, 감사 인사로 배웅한 뒤 돌아오면서 저도 모르게 동생에게 말했어요.

"선생님이 건강하셨으면 좋겠다."

이기적인 바람이었어요. 내 삶을 유지하기 위한 필요로 분뇨 수거 차 선생님의 건강을 바랐으니까요. 매해 봄마다 오르골 소리를 내며 찾아오시는 선생님의 노동이 없었다면 아주 기본적인 삶도 영위하지 못했을 제 시선에서 본 그의 일은 노동이라기보다 큰 봉사였거든요. 선생님이 이런 봉사를 얼마나 이어나가줄지, 일을 그만두고 나면 대체 어느 누가 대신해줄지를 떠올리면 그저 건강하셨으면 좋겠다는 말이 절로 나왔어요.

이런 바람을 분뇨 수거 차 선생님께만 느끼는 건 아니에요. 깊은 시골 마을을 오가며 어르신들의 발이 되어주는 버스 기사님, 새벽 배송이나 로켓 배송이 아니어도 그저 가져다주심에 감사한 택배 기사님, 미처 치우지 못한 눈길에 연탄재를 뿌려가며 멀리까지 등유를 배달해주시는 주유소 사장님, 흙탕물이 나오거나 물이 안 나올 때마다 쪼르르 달려가서 도움을 요청하는 물탱크 관리 선생님이 없었다면 이 깊은 산골 마을에서 이토록 안락하게 살 순 없었을 거예요. 제 시골 생활의 빛과 소금같은 분들. 이분들 없는 시골 생활은 상상하기도 싫지만 이대로라면 결국 대비해야 할 것 같아요. 지금보다 더 많은 게 소멸한 순간을요.

수풀집이 있는 마을도 그렇겠지만 예전엔 이 마을에 학교도 있었고 슈퍼는 물론, 방앗간과 수선집도 있었다고 해요. 심지어 제가 살고 있는 그리고다도 오래전 슈퍼 자리였고요. 그땐 이런 작은 마을에서도 무언갈 사고, 팔고, 꿔주고, 빌리는 게 가능했대요. 골목마다 아이들 노는 소리가 들리고 집집마다 아이와 부모, 어르신이 같이 모여 살았던 복작복작한 시절이었으니까요.

어느덧 스무 채 남짓한 이 마을에 사람들이 오고 가며 누릴 수 있는 공유 공간은 마을회관이 전부가 되었어요. 지금 여기서 어르신들이 두루마리 휴지나 파스 하나라도 사기 위해서는 새벽같이 시내 버스 타고 나가서 오후 버스를 타고 돌아와야 해요. 시내에서 이곳까지 들어오는 버스는 하루에 일곱 대밖에 없거든요. 그런 어르신들께 힘들지 않냐고 여쭤보면 하나같이 이거라도 있는 게 어디냐고 말씀하세요. 이대로라면 여섯 대로 줄어들 걸 걱정해야 할 테니까요.

귀찮

여기로 이사 오던 해만 해도 마을은 제법 북적였어요. 특히 개울가 큰 나무 아래 있던 평상 위에선 매일매일 크고 작은 이벤트가 열렸죠. 그곳은 할머니들의 핫플이었어요. 언제가도 어르신들이 앉아 계셨죠. 요즘같이 볕 좋은 봄날이면 쪼르르 모여 앉아 기특하게 싹을 낸 작물과 꽃 이야기를 하셨고, 초여름이면 가스버너에 저로선 구별할 수 없는 산나물로 노릇한 산채전을 구워 직접 만든 맛깔난 간장에 찍어 드셨어요. 소주 한잔도 함께요. 무지하게 더운 여름날이면 통큰 수박을 석석 잘라 나눠드시고 밤에는 베개와 부채를 가져와 잠드시기도 했죠. 가을이면 작은 솥에 펄펄 끓인 콩을 갈아 만든 손두부를 건네주시고, 겨울이면 큰 고무 대야를 몇 개나 갖다 놓고 김장을 하셨죠. 덕분에 마을회관의 김치냉장고엔 언제나 김치가 든든히 채워져 있었어요. 누구네 집 아들이 승진하는 좋은 소식이 있으면 다 같이 송어회를 드시러 가시거나, 날이 좋으면 버스를 대절해서 바닷가에 놀러 가시기도 했죠.

언제부턴가 평상에 앉아 계신 할머니들을 찾아보기가 힘들어졌어요. 몇 달 전까지만 해도 여기 와서 부침개 하나 입에 물고 가라고 하시던 슈퍼집 할머니께서 병원으로 가신 지 얼마 안 돼 마을회관에서 부고를 전하는 마을 방송이 흘렀고 평상은 더 조용해졌어요. 그렇게 몇 분이 돌아가시자 평상은 완전히 활기를 잃고 말았어요. 평상뿐만 아니라 어르신들이 살던 집도요. 캄캄한 밤에도 비스듬히 누운 할머니의 그림자 너머 텔레비전 불이 보이던 집은 낮에도 밤에도 캄캄하게 방치되었죠.

평상엔 채워지지 않을 빈자리가 생기고 버스 탈 사람이 점점 줄어갑니다. 분뇨 수거 차나 등유 배달차가 갈 집도 줄고요. 당연히 버스 배차도 줄어들 수밖에 없겠죠. 점점 소멸에 가까워지고 있음을 느낄 때마다 이런 생각이 들어요.

'이곳에서 언제까지 살 수 있을까?'

종종 서울로 미팅을 하러 가면 회사원 시절이 떠올라요. 지하철 문이 열리고, 모여드는 빽빽한 행렬에 섞여 출구로 향하던 출근길, 매캐한 공기를 맡으며 높은 빌딩들 사이로 퇴근할 때의 헛헛함. 사람들 사이에서 뭐라도 된 척하며 실컷 떠들고 들어온 뒤 다섯 평짜리 원룸에 누워 보내던 막막하고 외로운 나날들. 서울에 사는 건 편리했지만 서울이 주는 영감을 누리기에 제 삶은 너무 빠듯해 사는 것만으로도 벅찼어요.

그랬던 저는 시골에 내려오고 나서야 주변의 것을 누릴 수 있게 되었어요. 물론 여기서도 하루 종일 컴퓨터나 아이패

드를 잡고 일할 때가 많지만, 자연은 틈틈이 저를 충만한 휴식의 세계로 인도했거든요. 고요한 작업실 창문 너머로 우뚝 솟은 키 큰 나무들을 보는 일, 마루와 줄 없이 거니는 일, 아침마다 마당에 나가 시원한 공기를 마시며 개운하게 기지개를 켜는 일…. 가끔 답답하고 외로운 생각도 들지만 걸핏하면 넘어지고 휘둘리는 제가 매번 다시 잘 설 수 있었던 까닭은, 시골에 살며 흙을 만지고 작물을 가꾸며 진정 중요한 게 뭔지 알 수 있었기 때문이라고 생각해요.

요즘은 서울도 참 근사한 곳이란 걸 느껴요. 하지만 아무리 좋은 카페나 맛집, 호텔에서 멋진 하루를 보내도 가장 큰 위로를 받고 안정을 찾는 건 언제나 여기, 이 시골집이더라고요. 그래서 이곳을 오가고 머무는 사람들이 건강했으면 좋겠어요. 오늘 이 편지에 적어 내려간 사람들 없이는 저 역시 살 수 없을 테니까요.

암울한 이야기만 써 내려간 것 같아 조금 희망적인 이야기를 덧붙이자면 이 편지를 부치고 나면 4월이란 거예요. 이렇게 겨울이 지나고 나면 안도하게 되어요. 주변의 어르신들이 무탈히 겨울을 나서요. 마을의 부고 방송은 늘 여름보다 겨울에 많이 들려와 불안했거든요.

올해 초 저희 할머니께서 뇌경색으로 하루아침에 왼쪽

팔다리가 마비되고 알게 된 사실인데 실제로 어르신들은 여름보다 겨울에 많이 돌아가신대요. 야외 활동이 줄어드는 겨울철엔 혈액 순환이 안 돼서 뇌와 심장 질환에 노출되거나 감기나 폐렴에 걸리기 쉽기 때문이라고 하더라고요. 그런 힘든 시기가 지나간 거예요. 며칠 전엔 병원에서 열심히 재활 중인 저희 할머니도 미세하게 왼손 감각이 돌아오고 있단 기쁜 소식을 들었어요. 아직 손가락을 움직이지도, 걷지도 못하시지만 앞으로 따뜻한 날이 이어질 테니 분명 걷게 되실 거예요.

일상을 지켜주는 소중하고 감사한 분들로 인해 우리도 무탈히 긴 터널을 지나왔으니 다가올 따스한 날들을 만끽합시다. 겨울 동안 수풀집도, 수풀집의 어르신들도 모두 안녕했길 바라며 오늘의 편지를 마쳐요.

3월
벚꽃이 움트기 직전의 문경에서 귀찮 드림

작가님, 4월입니다. 금산과 서울을 오가며 내내 봄을 기다렸는데 올 듯 말 듯 밀당하던 봄이 이제야 완전히 온 것 같습니다. 봄꽃과 함께 말이죠. 주말에는 읍내에 다녀왔어요. 수풀집이 자리한 금산은 인삼의 고장으로 불리지만 요즘 같은 때는 벚꽃의 고장이라고 불려도 좋지 않을까 싶습니다. 크고 작은 길을 따라 자리 잡은 벚나무들이 흐드러지게 꽃을 피우니까요. 특히 저희 마을에서 읍내로 향하는 길에 벚나무들은 꽃송이가 무척 탐스러워요. 때마침 장날이기도 했습니다. 작가님께 말씀드린 적이 있던가요? 날짜가 2 또는 7로 끝나는 날은 금산 읍내에서 오일장 열리는 날이에요. 오며 가며 들으니 어르신들은 '장이 선다'고도 하시지만 '장이 뜬다'고도 하시더라고요. 순식간에 차려졌다가 뿅, 하고 사라지는 오일장의 모습에는 뜬다는 말이 더 잘 어울리는 것 같기도 합니다.

지난 주말이 장이 '뜨는' 날이었어요. 수풀집에서 지내는 날과 오일장이 뜨는 날이 맞아떨어지는 게 자주 있는 일은 아니라서 이렇게 날이 맞으면 일단은 읍내로 향합니다.

장터 샛길의 초입에는 꽃모종과 나무 묘목을 파는 종묘상이 있어요. 값이 싸고 종류가 다양해서 제가 애용하는 곳이에요. 거기서 할머니 손을 잡고 온 어린이를 만났어요. 뭘

김미리

잘못했는지 제 키만 한 나무 묘목 옆에서 할머니께 혼이 나고 있었는데요. 막상 당사자는 꽃구경하느라 정신이 팔려 꾸지람은 듣는 둥 마는 둥 하더라고요. 순간 비슷한 장면이 떠올랐어요. 할머니와 함께 장에 왔던 과거의 어느 날이요. 그때 제가 몇 살이었는지 또 할머니는 몇 살이셨는지 잘 모르겠어요. 아마 제가 일고여덟 살 즈음이었던 것 같아요. 제 키가 많이 작았고 올려다본 할머니의 등은 꼿꼿했으니까요. 손을 많이 뻗어야 할머니의 손을 잡을 수 있었는데 막상 잡으니까 겨드랑이가 살짝 당겼던 기억이 납니다.

저는 장 나들이를 무척 좋아하는 어린이였습니다. 할머니가 인파를 헤치며 물건을 구입하는 데 열중하면 저는 슬쩍 할머니 손을 놓고 만물상으로 달려갈 수 있었거든요. 거기엔 카세트랑 망원경 같은 게 잔뜩 있었어요. 막상 만물상에 도착하면 주인 할아버지가 무서워서 손을 뻗지는 못하고 눈으로만 연신 매만지곤 했지만요. 화장품 좌판에 들르는 일도 좋아했습니다. 아주머니들 틈에 껴서 콜드크림 같은 걸 구경했어요. 작은 항아리같이 생긴 크림 단지 안에서 엄마 냄새가 났어요. 다른 지방에서 일을 하느라 자주 못 만나는 엄마의 냄새였으니 아마도 그리움의 냄새였겠죠. 튀밥집으로 달려가 양손으로 귀를 꽉 막고 '뻥이오~' 하는 소리를 기다리기도 했습니다. 대포가 발사되는 소리가 나면 연기와 함께 포대

안에 튀밥이 가득 찼습니다. 마술 같은 장면에 취해 있으면 어느새 장보기를 마친 할머니가 등장하곤 했죠.

"이 쌍노무 지지바, 얼른 안 인나! 잃어버리믄 어짤라고 홀딱 도망치고 그라냐. 집에도 못 오고 여서 백날 천날 울고 불고 할라고 그냐!"

저희 할머니는 입이 건 사람이었어요. 일명 욕쟁이 할머니였죠. 두터운 손으로 제 등짝을 내려치며 이렇게 소리치시면 그날의 일탈이 마무리되곤 했습니다. 장터를 누비는 일이 끝나지 않길 바랐는데 그 길로 집에 와야 해서 아쉬웠던 마음이 지금까지도 선명하네요.

주말에 다녀온 오일장의 풍경은 추억 속 장면과 별반 다르지 않았습니다. 그 시절만큼 사람들로 북적이지는 않았지만 장을 구성하는 하나하나의 모습은 놀라울 만큼 비슷했어요. '금이빨*, 은수저 삽니다'라는 입간판이 서 있고 가판대에는 카세트, 라디오, 참빗, 반짇고리 같은 물건이 놓여 있었습니다. 각양각색의 약초들이 효능·효과가 쓰인 팻말과 함께

---

* '금니'가 아니라 꼭 '금이빨'이라고 쓰여 있죠.

김미리

손님을 기다리는 모습도 여전했고요. 여러 종류의 고무줄과 색색의 비닐을 파는 좌판도 한 자릴 차지하고 있었습니다.

저는 햇양파 한 소쿠리 들여가라는 채소가게 사장님의 낭랑한 목소리에 이끌려 갔다가, 막 튀겨진 도나쓰(도너츠 아니죠!) 냄새를 쫓아갔다가, 세상 모든 채소를 화려하게 변신시켜줄 것 같은 채칼 퍼포먼스 앞(홈쇼핑에서나 볼 것 같은 시연 장면을 눈앞에서 보는 즐거움 아시나요)에서 발걸음을 멈췄습니다.

한참 구경하고 다시 걷기 시작했을 때 튀밥집이라는 낡은 입간판을 만났어요. 그 앞에 서자 할머니의 목소리가 들리는 것 같았습니다. 눈물이 쏙 빠지게 혼내셔도 집에 가는 길엔 꼭 튀밥을 한 봉지 안겨주시며 "인자 싸게 집에 가자" 하시던.

튀밥 봉지를 끌러 튀밥을 꺼내 먹으며 할머니 뒤를 쫓던 그날이 그립네요. 벌써 30년이나 지났다는 게, 할머니가 돌아가신 지도 어느새 10년이 지났다는 게 놀랍습니다. 그간 많은 게 바뀌었어요. 할머니도, 저도, 세상도요. 시간이 많이 지났으니 당연한 일이겠지요. 그럴수록 이렇게 여전한 모습으로 존재하는 곳이 있다는 사실이 꿈결같이 느껴지네요. 금산의 오일장은 세월을 간직한 가게들이 간판도 없이 자릴 잡고 있는 곳이에요. 마트 진열대에선 찾아보기 힘든 오래된 물건들이 가판대 한가운데에 놓이는 곳, 한낮의 꿈처럼 나타났다가 금방 사라지는 곳입니다.

　이곳에서 언제까지 살 수 있을까? 작가님이 지난 편지에 적어 보내주신 질문을 저도 되뇝니다. 이런 장면을 언제까지 곁에 두고 지낼 수 있을까요? 오일장을 기다리는 이들이 차차 줄고, 오래된 가게들이 문을 닫고, 튀밥집도 사라지고, 마을에 사시는 다정한 어르신들을 더 이상 뵐 수 없는 날이 와버리면… 날짜가 2와 7로 끝나는 날에도 더 이상 장이 뜨지 않게 될까요? 마을도, 시장도, 이 지역도 소리 없이 사라지게 될까요?

　꽃모종, 작물 종자, 먹을거리를 잔뜩 사 들고 장을 나섰습니다. 주차장으로 바로 갈까 하다 날씨가 좋아서 조금 걷기로 했어요. 읍내를 가로지르는 하천, 금산천을 따라서요. 하천을 따라 늘어선 아름드리 벚나무들이 꽃송일 길게 늘어뜨리고 있었습니다. 꽤 오래 자릴 지킨 벚나무들 같았어요. 둥치가 굵고 꽃송이가 야무졌거든요. 사진에는 잘 안 담길 걸 알면서도 저도 모르게 핸드폰 카메라부터 들이밀었어요. 남는 건 사진뿐이야, 하면서요. 한참 동안 수십 장의 사진을 찍고 나서야 카메라를 내렸습니다. 사진보단 눈에 담는 게 중요하

김미리

지, 하면서요. 벚꽃 사진은 매년 찍는데 왜 매년 꾸준히 못 찍을까요?

한참 찰칵대다보니 배가 고파졌어요. 평상에 자리 잡고 앉아 장에서 산 감자 토스트를 꺼냈습니다. 금산천을 따라 조성된 산책로에는 중간중간 작은 평상이 있어요. 평상에 앉아 토스트를 우물거리면서 벚꽃을 바라봤습니다. 바람이 솔솔 불 때마다 만개한 벚꽃의 꽃잎이 흩날리더라고요. 절로 감탄이 나왔어요. 크, 이거 완전 명장면이네, 하면서요.

뭔가 한 끗이 아쉬운 사진이지만 그래도 올려보려고 인스타그램을 열었습니다. 온라인 세상도 온통 벚꽃 천지였어요. 사람들은 전국 각지의 벚꽃 명소에 있었습니다. 어쩜 저렇게 잘 찍었을까 싶은 사진들 사이사이에 아쉽다는 이야기가 더러 보였습니다. 벚꽃보다 사람들이 더 많았다거나 이제 막 벚나무길을 조성해서 벚꽃이 별로 없다는 이야기가요.

"아… 금산 오지. 여기 사람 별로 없는데. 벚꽃 풍경 정말 끝내 주는데…"

벚꽃이 만개한 일요일의 오후, 금산천의 벚꽃축제 플래카드는 조용한 풍경 속에서 나부끼고 있었습니다.

김미리

수풀집이 있는 금산은 인구소멸 위험지역으로 분류된 지역 중 한 곳이에요. 그중에서도 인구소멸 고위험 지역에 속합니다. 유입되는 인구는 적고 유출되는 인구는 많아서 총인구가 지속적으로 줄고 있어요. 2024년 2월을 기준으로 금산군의 인구는 5만 명*입니다. 동기간 서울의 인구가 938만 명인 것과 비교하면 어마어마한 차이죠. 서울 인구가 금산 인구의 187.6배네요. 금산군의 면적이 577제곱킬로미터, 서울시의 면적이 605제곱킬로미터로 두 지역의 면적이 엇비슷한 것을 고려하면 더더욱 놀랍습니다.*

지방 소멸을 걱정하는 제 말이 작가님께 어떻게 들릴지 모르겠습니다. 문경에 자리 잡고 사시면서 일이 있을 때만 서울로 향하는 작가님과 달리, 저는 서울과 금산을 오가면서도 결국 도시에 살고 있잖아요. 저는 서울에 발붙이고 사는 938만 명 중 한 명입니다. 그런 제가 감히 지방 소멸에 관해 이야기해도 될까 모르겠어요.

이런 생각을 하기도 합니다. 이렇게 멋진 자연을 곁에 두고 지내는 삶도 좋고, 오래된 것을 지키는 것도 필요하고, 지방의 균형 발전도 중요하지만, 삶의 터전을 바꾸는 게 사회 구성원 개인의 노력만으로 가능한 일인지를요. 도시에서의

---

* KOSIS(행정안전부, 주민등록인구현황)
** KOSIS(한국국토정보공사, 도시계획현황)

삶을 더 선호하는 사람도 있겠지만, 생업 때문에 도심 지역을 벗어나기 어려운 사람이 더 많을 것 같아요. 학업이나 가족 부양으로 수도권에 머물러야 하는 사람, 자신에게 꼭 필요한 인프라가 도시에만 있는 사람도 있을 테고요. 결국 사회구조적 해결책이 필요하겠죠. 이곳 금산 인구의 34퍼센트가 65세 이상인 상황에 출생인구는 감소하고 사망인구는 증가하고 있으니 필연적으로 인구는 더 줄게 될 거예요.

 작가님, 최근 저는 새로운 인구 개념을 배우며 작은 희망을 보았습니다. 인구를 추산하는 또 다른 개념이 있더라고요. 정주 인구와 생활 인구라는 개념인데요.* 정주 인구는 지역에 항상 거주하는 사람, 생활 인구는 지역에 일정 시간 체류하는 사람을 말해요. 작가님처럼 문경에 자리 잡고 사는 사람은 문경의 정주 인구, 저처럼 금산을 오가며 사는 사람은 금산의 생활 인구로 추산하는 거죠. 생활 인구는 출·퇴근자, 통학자, 관광객을 포함하기 때문에 누구나 가까운 지역의 생활 인구가 될 수 있어요. 생활 인구가 늘면 지역 경제가 활성화되고 다양한 인프라가 확충되어 장기적으론 정주 인구가 느는 데 기여할 수 있습니다. 그래서 요즘 저는 제가 주

---

* 인구감소지역 지원 특별법, 행정안전부, 2023

김미리

말을 보내는 금산, 이 작은 고장에서 꽃놀이와 물놀이를 하시길 권하고 있어요(가을이 되면 단풍놀이를 권하고, 겨울이 되면 겨울 산행을 권해보겠습니다. 얼마 전 겨울 산에서 길을 잃은 사람이라는 사실은 아무래도 숨기는 게 좋겠죠?).

요즘은 제가 사는 금산이 아니더라도 가까운 지방 도시의 장에 들러보는 일을 강력하게 추천하는 활동도 겸하고 있어요. 그런 의미에서 작가님도 조만간 금산의 생활 인구가 되어주셔야겠어요. 금산의 생활 인구가 되시면 문경과는 또 다른 아름다운 풍광과 아늑한 정취를 누리실 수 있을 거예요. 괜찮으시다면 지난번에 제가 못 오른 성봉에도 함께 올라요.

이 초대장에 작가님 할머님의 쾌유와 동네 어르신들의 안녕과 문경의 생활 인구가 마구마구 늘어나길 바라는 마음을 가득 담아 보냅니다.

4월
벚꽃 흩날리는 금산에서 김미리 드림

방금 닦고 났는데도 돌아서면 노래지는 날, 송홧가루가 섞인 봄바람을 맡으며 툇마루에 앉아 이 편지를 쓰고 있어요. 날은 제법 따뜻해졌지만, 그리고다는 북향의 집이라 바깥보다 실내가 춥거든요. 보일러를 틀자니 볕이 아까워 나와 있습니다. 방금 전에도 걸레로 툇마루를 닦아내는 바람에 손은 텁텁하지만요.

오전엔 시장에서 모종도 3만 원어치 사 왔습니다. 점촌장은 3일, 8일에 서지만 장날이면 두세 판씩 사가는 손 큰 어르신 사이에서 한 개씩 여러 종류로 사는 게 눈치가 보여 일부러 장이 서지 않는 한가한 날을 골라 갔어요. 이맘때 즈음 점촌 시내엔 장날이 아니어도 모종 좌판을 까는 가게가 몇 군데 있거든요. 취급하는 작물도 조금씩 달라서 한 군데서 사지 않고 여러 군데서 조금씩 샀습니다. 아스파라거스 여섯 개, 적상추와 청상추 각각 여덟 개, 청양고추 다섯 개, 노각 세 개, 백다다기오이, 가지, 딸기, 빨간 대추 방울토마토, 노란 대추 방울토마토 두 개씩, 적양배추, 빨간 파프리카, 노란 파프리카, 피망 한 개씩. 작은 텃밭에 이렇게 욕심 내면 발 디딜 틈도 없어진단 걸 알지만 적당히 사야지 해놓고도 막상 모종 사러 가면 적당히가 안 되는 것 같아요.

잔뜩 사 오고 나니 두어 달 후 시작될 자급자족의 생활이 벌써부터 기대됩니다. 작가님의 텃밭엔 어떤 작물이 자라고 있나요? 이 글을 쓰면서 수풀집 인스타 계정에 들어가보니 작가님은 무려 3월 11일에 밭을 일구고 4월 7일엔 당근, 상추, 치커리, 아스파라거스 씨를 심으셨더라고요. 역시 김 알토란 미리 작가님… 작가님의 부지런함에 자극받아 저 역시 진즉에 텃밭을 관리하려고 했으나, 매년 4월이 다 지나고 나서야 부랴부랴 밭을 일구던 버릇이 어딜 가지 않더라고요(부끄럽지만 저는 늘 5월 초에 모종을 심기 시작했어요). 특히 올해는 늘 피던 민들레와 제비꽃에 못 보던(이라 쓰고 편지 덕분에 이제야 보인다고 읽는) 광대나물꽃까지 피어서 밭을 일굴 의지가 매번 꺾였어요. (어르신들 눈엔 풀밭이겠지만) 형형색색의 꽃밭을 갈아엎기엔 아침마다 봄기운을 가득 머금은 꽃

을 보는 기쁨이 너무나 컸습니다. 일이 바쁠 때도 잠시라도 짬을 내어 어여삐 핀 꽃들과 연둣빛 산을 바라보면 누적된 피로가 치유됐거든요. 그렇게 올해도 텃밭 관리는 뒤로 미뤄졌습니다. 마음은 무거웠지만 마침 4월 15일부터 보름간 서울 출장까지 있어 '돌아와서 하면 되겠지'라고 합리화하기도 좋았지요.

서울로 떠나기 직전, 평온한 꽃밭의 모습을 보며 꽃을 피워낼 만큼 단단히 내렸을 뿌리를 생각하니 조금 심란했지만, 눈에서 안 보이면 마음에서도 멀어지는 것처럼 서울에서 며칠 지내니 텃밭에 대한 마음의 부채도 금세 사라졌어요. 오히려 눈에 가까워진 서울 생활에 푹 빠지게 되었죠. 지난번 편지엔 제 아무리 좋은 카페나 맛집을 다녀와도 가장 좋은 건 이 시골집이라고 적었지만, 이번 서울 생활은 편지를 적을 때 상상했던 것만큼 암울하지 않았어요. 오히려 서울의 새로운 면모와 잊고 있던 장점을 발견하게 되었죠. 작가님과의 급 만남처럼 좋아하는 사람들을 갑자기 만날 수 있는 곳이 서울이더라고요.

그날 우리의 만남도 아침 8시에 카톡을 주고받다 갑자기 성사 되었잖아요. 얼른 씻고 호다닥 나가 분위기 좋은 카페에서 만나는 기쁨! 얼마나 가볍고 좋던지요. 꽃과 새를 호명하며 걸은 남산 둘레길도 좋았고, 당이 떨어져 졸릴 때 먹은 핫케이크와 아이스커피도 아주 좋은 선택이었던 것 같아요. 시골에선 이런 식의 '갑자기'가 없잖아요. 갑자기 불러 만날 친구도 없지만, 있다고 해도 갑작스러운 만남을 해결해줄 공간 역시 없으니까요. 만남의 시간을 위탁할 카페나 식당이 없는 시골 쥐에게 만남이란 약속한 날짜에 맞추어 집을 청소하고 식재료를 준비해야 하는 일이었는데, 그런 번거로움 없이 사람을 만날 수 있다니! 이 얼마나 편리한 세계인지요. 서울은 그런 매력이 있더라고요. 덕분에 출장을 빙자해 그간 보고 싶었던 사람은 물론 새로운 사람들과도 마음 놓고 만날 수 있었어요. 단기간에 많은 사람들을 만나며 조금 피곤해지기도 했지만 사람으로부터 다양한 영감과 자극을 받고, 사유하고, 깨닫기도 했어요. 앞으로 이렇게 종종 서울의 생활 인구가 되어봐야겠다고 마음먹게 된 것 같아요.

보름간의 서울 일정을 마치고 돌아오는 버스 안에서 목격한 문경의 첫 장면은 논에 물을 대고 있는 모습이었습니다. 모내기라니, 서울에 있었던 보름간 시골은 하루가 다르게 계절이 변해가고 있었음을 직감했어요. 떠날 때만 해도 온갖 여린 색이 찬란했던 산은 무성한 초록이 되기 직전까지 익어버렸고 꽃밭이었던 텃밭은 잡초밭(feat. 민들레 홀씨)이 되어 있었습니다. 어느 정도 예상은 했지만 무릎까지 오는 잡초들의 위상에 잔뜩 겁을 먹어버린 저는 서울의 친구에게 SOS를 쳤어요. 더 이상 미룰 수 없을 정도로 무성해진 밭에 마음은 조급한데 가족들은 주말이 되어야 시간이 나고, 저 혼자 들어갈 엄두는 조금도 나질 않았거든요.

그리고다 최초로 텃밭 관리를 위한 외부 인사 영입이었습니다. 그리고다 최다 방문자, 친구 '머니'를 초대한 것이죠. 머니가 가장 좋아하는 작물인 청양고추 지분을 내어주고 함께 잡초를 뽑기로 했어요. 저와 머니는 5월 1일 노동절을 기념해서 잡초노동을 했습니다. 아침 9시, 양말 속에 몸뻬 바지를 넣어 입고 긴 상의에 반팔을 덧대어 입은 후 모기 기피제를 온몸에 뿌렸습니다. 옷에는 물론, 정수리와 목덜미처럼 빠트리기 쉬운 부분도 꼼꼼히 뿌려야 모기의 공격을 피할 수 있거든요. 목장갑을 끼고 뽑은 잡초를 담을 큰 대야, 호미, 쇠스랑을 꺼내왔어요. 작가님이 주신 제초 호미도요. 곧바로 잡초와의 전쟁을 선포했습니다. 일교차 덕분에 생긴 습기로 흙이 아직 고슬고슬할 때 얼른 뽑아야 했거든요. 한낮의 열기로 말라버린 흙에는 호미도 잘 안 들어갈 테니까요. 그렇게 꽃들은 사라지고 이파리만 남은 풀들을 쥐고 뽑고 파내기 시작했습니다. 순위를 매기자면 가장 뽑기 힘든 1위는 민들레, 가장 뽑기 쉬운 1위는 광대나물, 가장 귀찮은 1위는 강아지

풀이었어요.

민들레는 뿌리가 얼마나 깊고 튼튼하던지 흙바닥에 찰싹 달라붙어 잘 안 떨어지기도 했지만, 뿌리 자체가 아주 깊어 아무리 호미질로 파내도 중간에 뜯어지는 경우가 많았습니다. 뿌리와 씨름할수록 지난날 민들레꽃을 보며 앞날은 모른 채 그저 좋아서 사진이나 찍어대던 저 자신의 모습이 스쳐 가더라고요. (어쩐지 기시감이 드는 대목이죠?) 광대나물은 그냥 쥐고 뜯으면 뿌리까지 딸려오는 의외로 착한 잡초였어요. 뽑으면서 '어쩜 나물 심성도 작가님처럼 순하지?' 생각했습니다. 광대나물도 그렇고, 사람을 좋아하는 소망이도 그렇고, 작가님 주변엔 온통 순한 존재들이구나 싶었어요(반려동물은 주인을 닮는다던데 저희 집 마루는… 여기까지만 하겠습니다). 강아지풀은 이파리만 빼꼼 나온 상태라 엄지와 검지로 잡아 올리면 쑥 하고 뿌리까지 나왔지만, 너무 자잘 자잘하게 많이 나 쪼그려서 하나씩 뽑으려니 진도는 안 나가고, 허리는 아프고, 시간도 많이 잡아먹었어요. 결국 어느 정도 포기하고 그냥 밭을 갈아버리는 (작가님이라면 절대 하지 않았을) 과감한 결단을 내린 끝에 정글 같은 풀밭을 보드라운 흙밭으로 일굴 수 있었습니다.

서울에서 영입해온 외부 인사 머니는 아주 일을 제대로

해주었습니다. 혼자 할 엄두가 나지 않아 친구를 부르긴 했지만 큰 기대는 없었어요. 아무리 도와주러 온다고 해도 손님은 손님이니 머니가 지렁이나 개구리를 보고 못 하겠다고 하면, 그만두고 카페나 맛집으로 전향할 생각이었는데 예상과는 정반대로 머니가 저보다 훨씬 잡초 뽑기에 진심이었어요. 제가 지나간 자리의 텃밭엔 듬성듬성 강아지풀이 남은 반면 머니가 지나간 자리는 그 어떤 풀도 없이 흙만 남아있었거든요. 처음 해보는 호미질로 능숙하게 잡초를 제거한 뒤엔 부탁하지도 않은 일들을 하기 시작했어요. 긴 빗자루로 마당의 거미줄을 정리하고, 노란 가루가 소복히 가라앉은 툇마루와 창틀을 닦았죠. 저는 옆에서 어쩔 줄 몰라하고 있었습니다. 이렇게 고생시키려고 부른 게 아닌데, 미안해서 고맙다는 말도 안 나와 그만하라고 말하는 저를 보며 머니는 "이거 힘들면 진작 때려쳤지. 근데 지금 너무 좋은데? 시골 체질인가봐"라며 물 호스로 수도가 구석에 쌓인 흙먼지들을 배수구로 밀어내고 있었습니다.

"이거로 마당까지 싹 청소하면 아주 개운할 것 같은데 네가 절대로 못 하게 하겠지?"

"응, 하지 마. 본인 집도 아닌데 왜 그렇게 열심히 하는 거야, 그만 해."

"내가 좋아하는 그리고다인데 이렇게 깨끗해지면 나도 좋잖아."

마당 청소를 가까스로 말리고 집으로 들어와 새참으로 김밥에 찹쌀 도나스를 먹고 낮잠에 빠진 며니를 보며 생각했어요.

'나는 참 고맙다는 말 한마디가 어려운 인간이구나, 그냥 고맙다 하면 되는데.'

고마운 일을 만드는 게 싫었던 것 같아요. 신세 지는 게 싫고. 덕 보는 것도 싫고.

곰곰이 생각해보니 자로 재듯 정확히 주고받는 관계보다 더러는 신세도 지고 충분히 고마워하는 게 더 가까운 사이 아닐까 싶더라고요. 이후 며니에게 쭈뼛쭈뼛 여러 번 고맙다는 말을 했어요. 어색해서 눈을 쳐다보고 전하진 못했지만, 앞으론 오늘의 고마움을 기억하며 마음을 담아 표현하는 데에도 익숙해져 보려고요. 감사하다, 고맙다, 참 일상적으로 쓰는 말인데 오늘에서야, 알아야 할 시기가 한참 지나서야 제대로 알게 된 것 같아요.

작가님의 초대장을 받아 들고 어떻게 해야 할지 고민이 많았어요. 너무 감사한데 너무 피곤한 일이 따르니까요. 작가님께서는 이불 한 채 더 내어주는 게 뭐가 대수냐고 하시겠지만, 시골에서 손님맞이를 여러 번 해본 저로서는 사람 다녀가는 게 여간 피곤한 일이 아니란 걸 잘 알기에 선뜻 가겠단 말이 나오질 않았거든요. 오기 전부터 청소하고, 삼시세끼 차려 내고, 커피 내리고, 치우고, 이부자리 준비하고, 손님 가고 나면 이불 세탁하고, 또 청소하고. 별일 아니라고 생각한 일들을 너무 구구절절 써서 큰일로 만들어버린 것 같다고 하실 수도 있겠지만, 그렇다해도 그게 절대 사소한 일이 아니니까요. 그럼에도 초대해준 작가님께 전하고 싶어요.

미리 작가님, 초대장을 보내주셔서 정말 기쁘고 고마워요. 설레는 마음으로 금산의 생활 인구가 되길 기대하고 있습니다. 우리 곧 만나요!

4월
이팝나무꽃이 넘실대는 문경에서 귀찮 드림

추신. 작가님의 두 번째 책 《아무튼, 집》을 읽을 때도 느꼈지만, 지난 편지 속 할머니의 구수한 사투리는 한 번도 들어본 적 없는 음성인데도 음성지원이 되는 것 같았어요. 거친 말에서 애정이 와르르 쏟아지는 느낌! 작가님의 섬세한 글 속에 할머니께서 여전한 모습으로 존재하고 있었어요.

귀찮

매년 5월 초가 돼서야 모종을 심으신다는 이야길 읽으며 생각했습니다. '오, 텃밭러의 감각을 타고나셨네! 딱 이때라고 작가님 몸에 깃든 어떤 기운이 알려준 게 아닐까?' 사실 3월만 되어도 한낮엔 봄바람이 살랑살랑 불고 따스한 봄볕이 내리쬐잖아요. 그러면 저같이 성격 급한 사람은 텃밭에 무언갈 심고 싶은 마음이 마구 생겨요. 3월은 텅 빈 텃밭을 일궈가며 어찌어찌 버틴대도 4월엔 마음을 억누르기 어려워집니다. 내내 엉덩이를 들썩거리다 읍내 종묘사를 기웃거리게 되죠. 아직 노지 텃밭에다 모종 심기엔 이른 거 아는데… 아침저녁으로 쌀쌀한 거 아는데… 대책 없이 괜찮을 거 같은 마음도 함께 들거든요.

그때 그 마음을 무사히 지나와야 하는데, 유혹을 뿌리치지 못하고 양손 가득 모종 쇼핑을 해서 돌아오던 때가 있었습니다.

계절 및 모종 얼리어답터(이런 것도 얼리어답터로 쳐준다면요)인 제가 대문 앞에 차를 세우고 모종을 꺼내고 있으면, 동네 어르신들이 다가와 걱정스러운 얼굴로 한마디씩 하시죠.

"아이구, 아직 너무 이른디 그랴."
"두어 주 더 있어야 디야. 하우스나 지붕 있는 디나 지금

심지."

그러면 저는 멋쩍어서 머리를 긁적이며 말합니다.

"날도 제법 따숩고… 이제 괜찮지 않을까요?"

예상하셨겠지만 모종들은 며칠 못 가 늦서리를 맞고 장렬히 쓰러졌어요. 수풀집에서 맞는 세 번째 봄까지도 반복하던 일입니다.

금산에는 4월 말까지도 서리가 내립니다. 늦을 만(晚) 자에 서리 상(霜) 자를 합쳐 만상(晚霜)이라고도 부르는 늦서리인데요. 끝서리가 내리는 날을 가리키는 만상일은 지역마다, 해마다 조금씩 편차가 있다고 합니다. 또 같은 지역이라도 지대의 높낮이나 환경에 따라 차이가 있다고도 하고요. 어르신들 말씀이 어떤 밭에는 5월 초에도 더러 서리가 내린대요. 그러니 모종은 일러도 5월 초, 안전하게는 어린이날이 지난 후 심는 게 가장 좋다고들 하세요.

이제 저는 3월엔 밭을 갈아두는 것으로 만족해요. 4월에는 서리 피해가 덜하고 씨앗으로 심는 당근이나 완두콩 같은 작물을 먼저 심습니다. 그러다 5월이 되면 모종으로 심는 고추나 토마토 같은 작물을 심어요. 작가님은 늑장을 부려 5월

초에 모종을 심었다고 하셨지만, 사실 아주 적절한 때에 적절한 일을 하신 거랍니다. 자신도 모르게 텃밭러의 재능을 품고 있는 게 아닐까요?

그나저나 작가님 편지에서 광대나물을 보고 너무나 반가웠는데요. 이 친구가 그리고다에도 존재한다는 사실을 반겨서는 안 될 것 같아 재빨리 표정을 바꿨습니다. 어여삐 핀 꽃들과 연둣빛 산을 바라보며 누적된 피로를 치유하신다고 하셨는데요. 틈틈이 제초에 힘쓰는 걸 잊지 마시길 이곳 금산에서 소리쳐 외칩니다. 광대나물이란 녀석은 한겨울 새하얀 눈 사이로 '까꿍' 하고 보랏빛 고개를 내밀어 저를 공포스럽게 했던 잡초란 걸 부디 잊지 말아 주세요.

이렇게 훈수를 두는 것이 저는 꽤 열심히 제초 작업을 하고 있는 사람 같지요? 전혀 아닙니다. 곧 수풀집에 오셔서 직접 보게 되실 테지만 저 역시 텃밭 관리는커녕 넋 놓고 꽃 구경, 나무 구경만 하고 있었어요. 솔직히 그럴 수밖에 없는 계절이잖아요. 들어서는 길마다 꽃망울이 조롱조롱 맺힌 나무들이 걸음을 붙잡으니까요. 요즘의 산책은 마치 삼보일배 같습니다. 세 걸음 걷고 꽃나무를 가만 들여다보고, 또 세 걸음 걷고 각도를 바꿔가며 꽃 사진을 찍고, 또 세 걸음 걷고 까치발 세워 꽃향기를 맡아요. 네, 그러느라 산책 시간이 엄청

김미리

길어졌고 제초 작업을 할 시간은 부족하다는 이야기 맞아요.

이럴 때 근거자료 같은 걸 들고 오면 주장에 힘이 생기잖아요? 그래서 열심히 검색하며 배운 사실을 적어 봅니다. 산림청 국립수목원이 발표한 자료에 의하면, 한반도에 자생하며 꽃을 피우는 수목 중 곤충이나 새가 인식할 수 있는 색*으로 꽃을 피우는 수목은 464종입니다. 그중 230종이 5월에 꽃을 피운다고 해요. 절반이 이달 5월에 꽃을 피웠거나 조만간 꽃을 피울 예정인 거죠(나머지는 대부분 6월에 꽃을 피운대요). 이런 때니 꽃구경을 안 하고 배길 수 있나요. 작가님이나 저나 그럴 수밖에 없(었)던 거죠.

말 나온 김에 요즘 구경 중인 꽃나무들에 대해서도 이야기해볼까봐요.

'5월에 그윽한 향기와 함께 연보랏빛 꽃을 피우는 나무'. 이런 설명을 읽으면 어떤 나무가 떠오르시나요? 예전의 저라면 라일락과 등나무만 떠올렸을 것 같아요. 그런데 이달 들어 꽃구경, 산 구경을 꽤 열심히 한 덕분에 또 다른 이름도 덧붙일 수 있게 되었답니다.

이 나무는 얼마 전 수풀집으로 향하는 길에 발견했습니다.

---

* 각 충매화와 조매화로 곤충과 새를 이용하여 꽃가루 받이하는 꽃을 말합니다.

차가 거의 없는 고속도로에 접어들어 여유로운 마음으로 운전하고 있었어요. 중간중간 산등성이를 내다보면서요. 그때 멀리에 아주 우람한 꽃나무가 보였습니다. 산속이라 벚꽃이 뒤늦게 피는 건가, 생각했어요. 아무리 그래도 그렇지, 5월에 벚꽃이라니요. 게다가 분홍빛이 아니라 연보랏빛에 가까웠습니다. 저는 머릿속을 뒤적이기 시작했습니다. 재빨리 답이 떠오르지 않는 질문들은 대체로 괴롭기 마련이지만, 운전 중에 생기는 이런 의문들은 반가워요. 매주 편도 2시간 30분 거리의 집과 집을 오가는 운전자라서 그럴 거예요.

생각하는 사이 꽃나무가 있는 풍경은 지나가버렸지만 이어진 길에서 몇 번이나 같은 나무를 만났습니다. 그 후로도 수풀집과 서울집을 오가는 길에 계속 눈에 띄었고요. 꽃나무의 이름은 계속해서 물음표로 남아 있습니다. 걷다가 보았다면 걸음을 멈추고 네이버 스마트렌즈를 켜 통성명을 했을 텐데 말이죠.

나무의 이름을 알게 된 건 며칠 전입니다. 어느새 5월이 깊어져 연보랏빛 꽃대 사이로 잎이 나기 시작한 것을 발견했거든요. 그 잎이 어찌나 큰지, 멀리 떨어진 도로 위 차 안에서 운전대를 잡고 있는 제 눈에도 선명히 보였습니다.

'혹시… 오동나무?'

김미리

운전대를 놓자마자 '오동나무'를 검색했습니다. 잠시 후 핸드폰 화면에 나무 사진이 뜨는 순간, 몇몇 장면이 훅 밀려왔어요. 그리고 마치 드라마의 회상 장면처럼 '촤라락'하고 지나갔어요.

하늘을 향해 치켜든 횃불 같던 연보랏빛 오동나무 꽃, 그 아래서 향기를 맡느라 킁킁거리던 봄날이 한 장면. 큼지막한 오동나무 잎을 들고 달리면서 만화 '개구리 왕눈이'에 나오는 나뭇잎 우산을 상상하던 여름날이 한 장면. 낙엽이 된 오동나무 잎이 담요 같다며, 나무뿌리를 베개 삼고 누워 사그락사그락 몸 위에 잎을 덮던 가을날이 또 한 장면. 바짝 마른 오동 열매 껍데기가 바람에 흔들리는 소리에 괜스레 비명을 지르며 도망치던 겨울날이 한 장면.

'오동나무 맞네!'

오동나무는 제 어린 시절의 여러 순간들을 함께한 나무입니다. 오동나무가 다른 나무에 비해 빨리 자라는 속성수라 워낙 크기도 했고, 제가 또래보다 유난히 체격이 작은 어린이였어서 더욱 압도적인 크기로 느꼈던 것 같아요. 어느 날은 우람한 오동나무 그늘 아래서, 또 어느 날은 커다란 오동나무 잎 아래에서 몸을 숨기고 안도하던 날들이 많았습니다. 어떻게 이런 존재를 이렇게 새까맣게 잊었을까요?

    나무의 이름을 외거나 계절의 일들을 챙기는 것보다 중요한 일들이 점점 더 많아졌기 때문이겠죠. 하고 싶은 일을 힘껏 하고, 또 제 몫을 성실히 해내는 한 인간으로 살기 위해서 어쩔 수 없었던 거란 생각이 듭니다. 앞으로도 비슷하겠지요. 그렇지만 오동나무와 함께 보낸 어린 날의 장면들을 떠올렸을 때 지금의 제가 여전히 기쁘다는 사실을 잊지 않고 싶어요. 나무의 이름을 외고 꽃향기를 쫓을 때 행복하다면, 그런 기억이 앞으로의 삶을 잔잔히 웃음 짓게 만든다면, 이 일에 조금 더 많은 시간을 내어주고 마음을 쓰면서 살고 싶다는 생각을 합니다.

    발 빠른 실천의 일환으로 이번 달엔 피어나는 수많은 꽃나무를 열심히 살피며 지냈어요. 그런데 뜻밖에 어려움을 맞닥뜨리고 말았습니다. 앞서 말씀드린 5월에 꽃을 피우는 수목 중 절반 정도가 하얀 꽃을 피운다는 사실이죠. 초록 이파리에 하얀 꽃잎… 멀리서 보면 정말 다 비슷비슷하잖아요. 그들을 구분하고 알맞은 이름으로 불러주는 게 보통 일이 아니네요. 야생화와 잡초와 달리 나무들은 멀리에 또는 높은 곳에 있잖아요. 핸드폰 카메라로 잔뜩 확대해서 촬영한 후 인터넷에 물어보면 제대로 인식하지 못하는 일도 빈번합니다.

김미리

조팝나무와 이팝나무를 구분하기 시작한 지도 몇 해 되지 않았는데 산딸나무, 층층나무, 산사나무, 공조팝나무, 때죽나무, 쪽동백나무, 국수나무를 구분하는 건 지나친 레벨업이었을지도 모르겠습니다. 이달 내내 애썼는데도 제가 한눈에 구분할 수 있는 하얀 꽃나무는 몇 개 되질 않아요. 향기로운 꽃을 피워 눈치채지 않을 수가 없는 아까시나무(어릴 적 잎을 하나씩 떼어가며 '한다', '안 한다' 점을 치기도 해서 잎만 봐도 알 수 있죠), 작가님과 저희 집 마당에 모두 있는 불두화와 쥐똥나무, 찔레꽃 정도예요. 이번 주말, 수풀집에 오시면 함께 걸으며 열심히 나무들의 정체를 밝혀내고 머리를 맞대어 정확한 이름을 불러주기로 해요.

작가님이 수풀집에 오시기로 한 날을 설레며 기다리고 있어요. 지난 주말엔 미루기만 하던 창문도 닦았고, 수풀집을 빙 두른 나무 울타리에 오일 스테인도 덧칠했고, 뒷마당 잔디도 깎았습니다. 매번 '비 온다니 다음 주에 해야지' '너무 추우니/너무 더우니 다음 주에 해야지' '마감 때문에 바쁘니 다음 주에 해야지' 하며 미루기만 했는데 작가님의 방문이 더는 미룰 수 없는 강력한 계기가 되어주었습니다. 미뤄둔 일들을 순식간에 착착 해내는 제 모습을 보면서, 작가님을 분기에 한 번씩 초대해야 하는 게 아닐까 생각하기도 했답니다.

작가님, 그런 일들을 하느라 수풀집 텃밭과 화단에 펼쳐진 잡초들의 향연은 제지하지 못했습니다. 작가님의 친구 며니님이 그리고다의 잡초노동에 동원되었듯 이번엔 작가님이 수풀집 잡초노동을 해주셔야겠습니다. 이번 주말, 큼지막한 챙에 양옆으로 널따란 천이 달린 밭일 모자와 명품 스타일 패턴을 적용한 밭일 방석을 준비하고 기다리겠습니다.

귀찮×미리의 제초 콜라보, 크로쓰!

5월
주말을 고대하며 김미리 드림

추신1. 화투 패 중에 똥이라고 부르는 패에 까맣게 그려진 이파리가 글쎄 오동나무 잎이래요.
추신2. 가치지기를 잘못하는 바람에 마당의 불두화가 올해는 거의 꽃을 피우지 못했다는 슬픈 소식도 전합니다.

나무마다 잎이 무성해져 바람이 불면 큰 물결처럼 흔들리는 바야흐로 5월입니다. 5월은 이름만 불러도 참 예쁜 달 같아요. '5'월! 지난 편지의 내용처럼 꽃나무 중 절반이 모두 5월에 꽃을 피워서일까요? 아니면 제가 좋아하는 숫자가 5라서 그럴까요? 개인적으론 조금 힘들었던 달이었는데도, 떠올리는 마음만으로도 반짝이고 거니는 일만으로도 설레는 달이 역시 5월인 것 같아요. 오늘 산책하는데 '양지마' 할머니가 (해가 잘 드는 양지에 있는 마을이라 양지마라 불러요. 그리고 다는 음지마에 있어요) 그러시더라고요.

"요즘 나는 꽃 보면 예뻐서 밥 안 먹어도 배불러."

역시, 그래서 5월이 생각만 해도 기분 좋은 달인가봐요. 5월의 작가님이 그렇듯 저 역시 요즘은 산책이 일상의 큰 기쁨입니다. 겨울엔 하루에 한 번이었던 산책을 아침에 한 번, 점심에 한 번, 해 질 녘에 한 번씩 하게 돼요. 신선한 아침 공기를 가득 마시고 싶고, 거닐다보면 훅 들어오는 꽃향기로 발걸음을 멈추고 싶고, 적당한 더위의 볕도 한껏 느끼고 싶고, 분홍빛이 하늘에 착 퍼지는 노을도 보고 싶어서요. 작가님이 지난 편지에서 말해주셨던 하얀 찔레꽃과 아까시꽃, 개망초는 물론이고 노란 돌나물꽃과 애기똥풀꽃, 연보랏빛 나팔꽃,

귀찮

자줏빛 엉겅퀴가 매번 새롭게 반겨주는 데다 곳곳에 달콤한 열매도 달렸는데 어떻게 이 계절에 집에만 있을 수 있겠어요. 바람, 꽃, 별 온갖 구실을 핑계로 틈만 나면 나가야죠!

그리고다의 뒷산 갈림길 중엔 제법 큰 오디나무가 양쪽으로 자라는 길이 있는데요. 평소엔 그 길로 잘 다니지 않지만 5월이 되면 오디 때문에 일부러 매일 그 길로 다니면서 타이밍을 재요. 연둣빛이 쪽빛으로 익어가는 시간은 길고도 긴데 익고 난 오디는 금세 툭 떨어져요. 때를 놓치면 이 달콤한 오디를 먹어 보지도 못한 채 5월을, 한 해를 보내게 되거든요. 오늘도 가보니 여전히 드문드문 연둣빛이더라고요. 좀 더 익어야 하나보다 하고 지나치려는데 마침 작은 새가 날아와 제 인기척에도 아랑곳 않고 톡톡 오디를 쪼아 먹는 것 아니겠어요? 그제야 땅을 보니 바닥은 벌써 떨어진 오디로 점박이가 되어 있었어요. 연둣빛 오디 사이로 잘 익은 오디를 골라 먹으니 기다리고 기다리던 5월의 맛이었습니다.

작은 새와 나란히 오디 몇 알을 나눠 먹고 앞으로는 하루에 세 번씩 이 길을 지나야겠다고 다짐했습니다. 이렇게 톡톡 따 먹는 재미를 느낄 날도 며칠 안 남았을 테니까요. 어디 오디뿐만 일까요. 뒷산엔 산딸기도 한창입니다. 어느 길목이라고 할 것도 없이 가는 길목마다 산딸기 넝쿨이 빨갛고

동그란 과실을 조롱조롱 달고 있어요. 며칠 전까지만 해도 주황빛이 도는 산딸기를 따 먹었다가 찌릿할 정도의 신맛을 제대로 봤는데요, 오늘은 새콤달콤하더라고요. 이 작고 예쁘고 달콤한 열매를 입에 넣고 있으니 계절을 제대로 누리고 있는 것 같아 작가님께도 말하고 싶어졌어요. 작가님, 오디와 산딸기는 지금이에요. 이 계절이 지나기 전에 꼭 이 작고 예쁘고 달콤한 열매를 누리세요!

그리고다의 안부를 적고 나니 수풀집의 안부도 궁금해집니다. 제초 콜라보 활동의 일환으로 제가 솎았던 당근 친구들은 잘 자라고 있나요? 귀여운 촉이 올라왔던 생강은요? 그리고다 텃밭 속엔 굵직한 돌이 많아 당근과 생강 같은 뿌리 작물이 자라기 어려워 첫 시도 만에 포기했는데 수풀집에서 보송하게 자라고 있는 초록 초록한 당근 싹을 보니 얼마나 예쁘고 기특하던지요.

보드라운 싹을 보며 넋 놓고 있을 때 작가님은 당근 싹이 너무 촘촘히 났다며 가차 없이 솎아주라고 하셨죠. 이제와 말하지만 작가님, 그때 진짜 재벌 같았어요. 당근 재벌!

'세상에 당근 싹을 이렇게 낭비할 수 있는 사람이 있다니, 부자다!'

솎아낸 당근 싹이 너무 많아서 버린 것은 지금도 아쉽습니다(샐러드에 더 많이 넣어 먹거나 제가 다 싸 왔어야 했어요). 그뿐만 일까요, 상추를 수확할 때 잎을 한 장씩 떼는 게 아니라 가위로 통째로 잘라 버리는 모습에 충격 먹은 저에게 작가님은 말하셨죠.

"이래도 또 나요."

그때 작가님의 미소에선 뭐랄까, 진정 가진 자의 여유가 느껴지더라고요. '혹시 이 상추가 죽는다고 해도 저기 저렇게 상추가 많은데 무슨 걱정이야'가 그 미소 안에 담겨있었어요. 그날 저녁에 먹은 생양파의 맛도 잊을 수 없습니다. 제 손으로 텃밭에서 직접 캔 양파의 맛, 매콤함이라곤 찾아볼 수 없는 달달함이었습니다. 지난 가을 덕유산에 안 가고 300포기의 양파를 심어준 작가님의 친구분들께 마음속으로 감사 인사가 절로 나왔습니다(그래서 제가 홀린 것처럼 생양파를 빠에야에 싸 먹었잖아요, 이상한 조합이라고 생각하면서도 멈출 수 없는 맛이었어요).

지난 편지에서 계절 얼리어답터로서의 고충을 토로하셨지만, 작가님의 서두르는 마음 덕분에 그리고다에선 5월 말은 되어야 할 자급자족 텃밭 식탁을 일찍 만날 수 있었어요. 그리고다의 상추는 이제야 한 장씩 떼어 먹을 수 있을 정도로 자랐는데, 작가님께서 4월부터 상추 씨와 당근 씨를 바지런히 심어둔 덕에 좋아하는 샐러드를 양껏 먹었으니까요. 수풀집 주변을 산책하다가 작가님이 작은 소리로 "오늘이 모내기를 준비하는 소만인데…"라며 절기를 말하던 모습이 기억나요. 그렇게 절기를 고대하는 사람만이 이른 봄에도 이토록 풍성한 식탁을 얻는 것 같습니다. 작가님은 지금쯤 벌써 망종과 하지를 떠올리며 다음 작물을 고민하고 계실지도 모르겠어요(그렇다면 저의 미리력이 꽤나 상승한 것 같습니다). 망종이 되면 우리가 하꼬와 산책하며 보았던 청보리밭의 보리도 모두 익겠지요?

모든 작물은 고유의 때가 있는 것 같습니다. 보리의 때, 양파의 때, 토마토의 때. 이 사실을 무시한 채, 5월 초로 작물의 때를 퉁 쳐버린 그리고다에서는 기대도 못 할 제철 작물들을 수풀집에서 만나 더 반갑고, 귀하고, 좋았어요. 다 계절 얼리어답터 덕분입니다.

저는 절기 중엔 하지를 제일 좋아해요. 하지를 떠올릴 때마다 따라오는 조급한 맘은 이 날씨를 더 누리게 하거든요. 일 년 중 해가 떠 있는 시간이 가장 긴 하지를 기점으로 하루마다 해를 마주하는 시간이 줄어들잖아요. 오늘처럼 맑은 볕과 시원한 바람을 태양의 기운이 가장 충만해지는 하지 전까지만 누릴 수 있다고 생각하면 마음이 조급해져요. 하지가 지나면 해의 기운이 땅으로 옮겨가 더워지겠지만, 그럼에도 일조량은 매일 착실하게 줄어든다는 사실에 또 조급해지고요. 계절이 겨울을 향해 방향을 틀었고 더운 볕도 얼마 남지 않았단 뜻이니까요. 혹 작가님이 일에 파묻혀 산책이 뒷전이 되었을 땐 하지의 조급함을 떠올려보세요. 5월의 설레는 바람과 볕도, 다가올 뜨거운 볕도 조급한 마음으로 누리게 될 거예요.

빠에야에 양파를 싸 먹으며 새벽 2시까지 이야기하던 날, 회사원 시절 주중엔 회사를 다니기도 벅찼을 텐데 주말마다 쉬지도 못한 채 시골에 내려와 작물을 가꾸고, 집을 살피는 게 힘들진 않았냐고 여쭈니 작가님께서 그러셨죠. 이렇게 안 하면 회사를 그만둘 것 같았다고. 생각해보니 정말 그랬을 것 같더라고요. 이토록 게으른 저 역시 땅이 주는 치유가 있음을 느끼니까요. 따사로운 볕을 등지고, 호미로 흙을 파고, 잡초를 골라내고, 보드라운 흙으로 작물의 이불을 덮어주는 일련의 일이 주는 기운이 있는 것 같아요. 우리가 취할 수 있는 휴식의 형태 중에 이런 밭일이 있어서, 또 그 일이 주는 치유에 공감

하는 이가 있어 기뻤어요.

수풀집에 다녀온 후, 저의 일상에 몇 가지 귀여운 변화가 생겼습니다. 우선 강력 추천하신 상추 씨 5종 세트를 샀어요. 모종으로 사면 비싸다고 종묘상에 파는 상추 씨 세트를 추천하셨잖아요. 작물 재력은 씨앗을 사는 게 아니라 절기에 맞게 씨를 심는 일에서 온다는 걸 알면서도 느지막하게 따라해봤어요. 먹는 작물 이외에 심어본 적도 없던 제가 수풀집 마당에 핀 꽃들에 자극받아 수레국화와 라벤더 씨앗도 사서 심었고요. 어제는 알려주신 빠에야 레시피를 더듬더듬 따라해 맛있는 한 끼도 만들었습니다(아주 성공적이었어요).

할미새도 알게 되었습니다. 작가님이라면 생김새를 단단히 기억해두었다가 새 도감을 펼쳐 알아내셨을 텐데 저는 새 도감이 없어 열심히 검색했어요. 긴 꼬리를 아래위로 흔들며 총총 걸어다니는 작은 새라고 검색하니 제가 보았던 할미새가 뜨더라고요. 드디어 제게도 신나게 호명할 수 있는 새가 생겼습니다.

새로운 사람을 만나는 건 새로운 우주와 만난다는 것과 비슷하단 생각을 자주 하는데요, 이렇게 일 년간 편지를 주고받고 수풀집까지 다녀오면서 근사한 우주를 만나게 된 것 같아 기뻐요. 물론 이번 만남으로 제가 예상보다 싱겁고 별거 아닌 우주였음이 탄로 난 게 아쉽긴 하지만요. 바깥으로 보이는 면이 더 많은 직업이라서 그럴까요? 저는 누굴 만나도 돌아오는 길에 '나에게 실망했으면 어쩌지?'라는 생각을 합니다.

이번에도 그랬어요. 한 가지 다행인 것은 그 만남으로 끝이 아니라는 거예요. 오늘 이 편지를 부치고도 우리에겐 아직 주고받을 편지가 한 통씩 남았잖아요. 저는 오랜 시간 혼자 일하고 있어 이런 일이 흔치 않더라고요. 보통은 못난 모습을 보였더라도 다음이 없어 그대로 끝이거든요.

그렇게 보면 우리도 동료 아닐까요? 좋은 꼴 나쁜 꼴 다 보고도 내일 또 봐야 하는 사람들. 작가님이 혹 저에게 실망하셨더라도 제게 부쳐야 할 다음 편지가 있고 그걸 기다리는 독자들이 있다는 사실이, 또 이 서간문이 책으로 나오기까지 함께해야 할 여러 시간이 남았단 사실이 얼마나 다행인가 싶습니다. 물론 그 기회가 주어진다고 해서 원래도 싱거운 인간이 갑자기 다른 사람이 되진 않겠지만요.

이 꼴 저 꼴 보다보면 어느새 정이 드는 동료애처럼 저의 싱거운 모습도 여러 꼴 중에 하나이길 바라며 편지를 부칩니다.

5월
싱거운 동료 귀찮 드림

추신. 그래도 꼭 만회하고 싶은 게 한 가지 있으니 샐러드입니다. 수풀집에서 돌아오는 날, 아침에 맛있는 샐러드를 만들고 싶은 마음과 무언가 조금 어려운 마음이 겹쳐 샐러드에 소금을 왕창 넣고 말았어요.

그냥 짜다고 말하고 먹었으면 좋았을 텐데 짜다고 말도 못 하고 우걱우걱 먹었습니다. 심지어 작가님도 말없이 드시길래 더욱 마음이 찝찝했습니다. 스스로 샐천(샐러드 천재)이라고 말할 만큼 자부심이 있었는데 그날은 마음처럼 따라주지 않았어요. 편지에 적어 어느 정도 만회가 되겠지만 말만 번지르르한 것으로는 영 성에 차질 않아서요. 다음에 그리고다에 놀러 오시거나 제가 다시 수풀집에 놀러 가게 된다면 꼭 맛난 샐러드를 대접해드릴게요!

다시, 여름

우리가 엮는 매듭

누군가와 즐거운 시간을 보내고서 다시 혼자가 되었을 때 문득 생각해요. '아까 그 행동은 하지 말걸' '쓸데없는 말은 왜 이렇게 많이 했을까' 작가님을 배웅하고 온 뒤 역시 그랬습니다. 침실도 화장실도 하나뿐인 작은 한옥 집에서 2박 3일을 함께 지냈으니 제 이런저런 면면을 많이 보셨겠죠. 그건 무척 자연스러운 일이라 생각하면서도 왠지 마음이 묵직했어요. 그나마 다행인 건 귀엽고 싹싹한 소망이가 매번 작가님 혼을 쏙 빼놓았다는 사실입니다. 소망이 덕에 제 부끄러운 면모가 덜 드러났을 거라고 위안하고 있었어요. 그런데 2주 뒤 도착한 작가님의 편지에 꼭 닮은 마음이 들어 있는 거예요. 심지어 편지 제목이 〈이 꼴 저 꼴 다 보는 사이〉였죠. '실망이라니요. 엄청나게 재미있고 좋았어요. 부디 제 경솔했던 언행들만 잊어주세요'라는 말은 넣어 두겠습니다. 대신 보내주신 말로 인사하며 편지를 시작할게요. 그래요, 작가님. 우리 이 꼴 저 꼴 다 보는 사이가 됩시다.

작가님이 여기 수풀집에 다녀가신 지도 한 달이 다 되어 가네요. 그때만 해도 아침저녁으로 쌀쌀해서 전기장판을 깔아 두고 작가님을 맞이했는데요. 이제는 본격적인 무더위가 시작되었습니다. 어제는 가만히 앉아 키보드만 두들기는데도 땀이 주르륵 흐르더라고요. 카펫 위에 눕기를 좋아하는 소망이가 맨바닥을 찾아 철퍼덕 눕더니 제 눈을 응시하며 크게 울었습니다. "냐아아아아~" 하고요.

　해석컨데 "덥다아아아~"였을 거예요. 털복숭이 친구가 덥다는데 어쩔 수 없지, 하며 소망이를 핑계 삼아 올해 처음으로 에어컨을 가동했습니다. 작가님이 가장 좋아하는 절기, 하지를 향해 부지런히 가고 있다는 의미겠죠? 하지를 앞두었던 작년 이맘때 첫 편지의 제목을 정하느라 끙끙 앓았던 기억이 나네요. 정작 편지는 한 줄도 못 쓰고 빈 화면을 바라보며 '귀찮 작가님께' '윤수 작가님께' '친애하는 작가님께' 등등을 쓰고 지우느라 진을 뺐더랬죠. 고르고 고르다 〈윤수에게〉라고 썼던 기억이 납니다. 오늘은 컴퓨터 화면을 열자마자 망설임 없이 〈다시 윤수에게〉라고 적어 넣었습니다. 일 년 전의 제가 이미 정해 놓은 것 같은 기분이 들었어요.

　한해를 돌아 다시 맞는 6월입니다. 모내기를 마친 논들이 연둣빛으로 반짝이고 보송보송한 밤꽃도 뽀얗게 피었습니다. 산책길엔 빨갛게 익어가는 자두 열매를 바라보며 침을 꼴깍꼴깍 삼키고도 있습니다. 조금 있으면 마을 어르신들이 자두 좀 따다 먹게나 하고 부르실 테죠. 대문 밖만큼은 아니지만 수풀집 마당도 제법 소란해졌습니다. 제철을 맞은 작물들이 텃밭에 와글와글하거든요. 저는 작가님이 지어주신 별명 '당근 재벌'에 걸맞은 모습으로 지내고 있어요. '상추 재벌' '치커리 재벌'로도 등극했습니다. 앞으로 '고추 재벌' '가지 재벌' '토마토 재벌'도 되어보려고요.

슬픈 소식도 있습니다. 희망하지 않았음에도 강제로 재벌이 되어버린 분야가 있다는 거예요. 바로 잡초. 어쩌다 보니 '잡초 재벌'도 되어버렸어요.

생명력 넘치는 여름이 텃밭의 작물과 열매들만 골라서 키우는 건 아니니까요. 제가 꽃구경과 탐조에 힘쓰는 사이, 안 그래도 어마어마한 번식력을 가진 잡초들이 여름의 기운을 등에 업고 마당을 장악해버렸어요. 요샌 자고 일어나면 잡초들이 걷잡을 수 없이 번져 있어서 아침마다 초조한 마음으로 창가를 서성거리게 됩니다. 돌보는 이가 없는 땅, 햇빛 충만한 6월의 이 날씨…. 이 조건을 흥청망청 누리는 잡초들이 한둘은 아니지만, 지금 딱 하나의 이름만 대라면 이 이름을 말해야 할 것 같아요. 환장이!

요새 수풀집 마당을 호령하는 존재는 '환장이'입니다. '율초'라고도 불리는 이 잡초는 이른 봄부터 싹을 틔웁니다. 이 싹은 무척 작고 여려요. 반잡초파로서 모든 잡초는 초장에 제압해야 한다는 걸 알고 있지만, 가녀리고 바싹 마른 싹이 이른 봄의 척박한 환경을 견뎌낼 수 있을 것 같지 않았어요. 너무 여린 싹은 조금 큰 뒤에 뽑아야 뿌리까지 끊기지 않고 깔끔하게 뽑힌다는 나름의 잡초철학을 갖고 있기도 했고요 (그래야 그 사이에 좀 더 빈둥거릴 수도 있으니까요).

어느 날 아침이었습니다. 창밖을 내다보는데 뭔가 이상했어요. 수풀집 돌담이 담쟁이덩굴로 뒤덮였더라고요. '어? 지난주까진 안 저랬는데…' 이상하다 싶어 얼른 뛰어나갔습니다. 돌담 가까이 다가가서 보니 그건 담쟁이덩굴이 아니었어요. 비슷하긴 했지만 담쟁이덩굴 잎에 있는 광택이 없고 잎의 모양도 조금 달랐습니다. 대신 잎의 양면에 거친 털이, 줄기와 잎자루에는 뾰족한 가시가 나 있었어요. 그 가시와 털은 주변의 지형지물을 타고 올라가는데도 쓰이지만, 자신을 해하는 상대로부터 스스로를 지키는 무기가 되기도 하더군요. 날카로운 가시와 뾰족한 털로 상대를 할퀴어 쓰라린 상처를 남기죠.

어떻게 알았냐고요? 저도 알고 싶지 않았는데요, 무심결에 손을 뻗었다 알게 되었습니다. 텃밭부터 돌담까지가 온통 풀로 뒤덮인 모습을 보니 도저히 그냥 둘 수가 없었거든요. 급히 잠옷 차림으로 덩굴을 치우겠다고 달려들었다가 팔뚝과 종아리를 잔뜩 긁혔습니다. 피부 위에 빨간 오선지가 그려진 것 같았어요. 상처가 아무는 내내 무척 가려웠고요. 정말 환장할 노릇이죠?

네, 사실 환장이는 제가 붙인 별명이에요. 이 풀의 본래 이름은 '환삼덩굴'입니다. 가시와 털에 호되게 당하고 난 뒤 네이버 렌즈의 도움을 받아 통성명했어요. 이름을 안 뒤에도 영 입에 붙지 않아서 못마땅한 마음을 가득 담아 '환장이'라 부르고 있습니다. 일찍부터 이름 모를 싹의 정체를 알아봤더라면 좋았겠다는 생각을 하면서요. 이름에 '덩굴'이 들어간다는 걸 미리 알았다면, 녀석이 본색을 드러내기 전에 기를 쓰고 뽑아냈을 테니까요.

　이제라도 늦지 않았다고 스스로를 다독이며 덩굴을 정리하기로 했어요. 머리카락을 잘라내듯 줄기만 조금 잘라낸 후 어떻게 버텨볼까 생각하기도 했는데요, 이제 막 열매를 맺기 시작한 토마토와 고추를 향해 진격하는 환장이를 보니 그럴 수는 없겠더라고요. 무더운 날씨였지만 긴팔 티셔츠 위에 셔츠를 겹쳐 입고 두께감 있는 긴바지도 꺼내 입었어요. 소매단은 장갑 속에, 바짓단은 목이 긴 양말 속에 야무지게 넣어 입고 작업을 시작했습니다. 매서운 가시와 털에 더는 긁히지 않겠다는 결의가 느껴지는 작업 복장이었어요. 작업 목표는 낫으로 덩굴의 줄기를 조각내 당기되, 지면의 시작점을 반드시 찾아내 뿌리까지 뽑아내는 것이었습니다.

　"딸기 따다가 먹구 혀. 여 우리 밭에 딸기 많이 열렸어."

동네 어르신들은 항상 어디선가 불쑥 나타나서 바로 본론부터 꺼내시지 않나요? 예전의 저라면 까무러치듯 놀랐을 테지만 이제는 태연스레 답합니다.

"안녕하세요! 이거 마무리만 하고 금방 건너갈게요."

"풀 뽑나 부네."

"오늘 저~기부터 여기까지 까시풀 정리했어요. 다 했다고 좋아하고 있었는데 지금 보니까 그 밑에 찌끄만 해서 뽑히지도 않는 풀이 또 잔뜩 숨겨져 있는 거 있죠? 둘 다 작년에는 없던 풀인데 어디서 나타났는지…."

어르신은 마당 바닥에 널려 있던 호미 중 하나를 집어 들고 앉으시더니 풀을 매기 시작했어요. 저는 뒤늦게 손사래를 쳤습니다.

"아휴, 하지 마세요. 여태 밭일하고 오셨을 거 아녜요. 제가 이따 할게요, 이리 주세요. 딸기 따러 가요."

어르신은 괜찮으시다는 듯 호미가 없는 쪽 손을 훠이훠이 흔드셨어요.

"이 풀은 호맹이 옆구리로 이렇게 득득 긁는겨. 자네처럼 하믄 뿌리가 약혀서 그냥 끊겨. 그람 또 나지."

능숙한 어르신의 손놀림을 따라 해봤지만 어르신과 달리 뿌리가 똑 끊겨버렸어요.

"저도 이제 마당에 나는 왠간한 풀은 다 알거든요? 근데

요샌 이상하게 전에 못 봤던 풀들이 자꾸 생겨요."

궁금했어요. 계절마다 수풀집 마당에 나는 잡초들의 이름과 생김새를 빠짐없이 알아두었는데, 왜 자꾸만 새로운 잡초가 이렇게 창궐하는지 말이에요. 산책길에서 새로운 풀씨를 묻혀 온 걸까요? 아니면 잡초들의 식생이 바뀐 걸까요?

맞은 편에서 호미질을 하시던 어르신이 말씀하셨습니다.

"이 넘이 흥하면 저 넘이 쇠하고, 저 넘이 쇠하면 또 딴 넘이 흥하고 그랴. 그러는 것이 이치잖여."

노엽거나 낙담한 목소리가 아니었어요. 이어 말씀하셨습니다.

"그르니께 나는 그냥 뽑아야지. 노상 뽑아야지, 뽑아서 없애야지."

봄이 가면 여름이 오고 여름이 가면 가을이 온다는 걸 말하는 듯 대수롭지 않은 목소리였어요. 자연에, 사는 일에 순응하는 사람만이 할 수 있는 말이었습니다.

작가님, 저는 여기 금산의 작은 집을 돌보며 나로서 살아가는 방법을 배우는 것 같아요. 어느 날은 기뻐하고 어느 날은 슬퍼하면서요. 기대하고 또 실망하면서요. 그 모든 일들이 삶의 일부라는 사실을 알아가는 과정에 있어요.

김미리

어떤 감정도 느끼지 못할 만큼 무감각해지는 날들도 있어요. 불안이 찾아올 때요. 뾰족한 가시와 거친 털을 잔뜩 품은 불안 덩굴이 일상을 모두 뒤덮어버린 날들 말이죠.

'가꾸지 않아도 저절로 나서 자라는 여러 가지 풀로 농작물이 자라는 데 해가 되기도 한다.'

잡초에 대한 이 정의가 제 마음속 불안에 대한 설명처럼 느껴진다던 이야기, 기억하시나요?

직장인 시절에는 시간이 없다는 게 제 불안이었어요. 경제적으로는 점차 안정되어 가도 내가 나를 돌볼 시간이 없다는 게, 그래서 정작 내가 누구인지도 잘 모르겠다는 게요.

프리랜서가 된 직후에는 시간의 여유가 있어도 경제적 안정이 없다는 게, 실패로부터의 안전망이 없다는 게 불안이 되더라고요.

요새는 또 새로운 불안이 생겼습니다. 때에 따라 어떤 조직에 속하기도 하고, 조직 밖 개인으로 일하기도 하는데요. 이렇게 회사원도 완전한 프리랜서도 아닌 채로 지내다 중간 지점에서 영영 헤매게 될까 두려워요. 결국 시간적 여유도, 경제적 안정도 갖지 못하고 애매하게 살면 어쩌나 싶은 불안이죠.

"이 놈이 흥하면 저 놈이 쇠하고, 저 놈이 쇠하면 또 딴 놈이 흥하고 그런다"는 어르신 말씀처럼, 어떤 불안이 해소되면 또 다른 종류의 불안이 생기는 게 삶의 이치가 아닌가 생각하게 됩니다. 땅이 있으면 풀이 생기는 것처럼 삶을 잘 살고 싶은 마음을 먹고 있는 한 불안은 존재할 테니까요. 저는 그동안 이 당연한 감정을 부정하고, 외면하고, 방치해왔어요. 그건 자그맣던 불안을 더욱 증폭하는 행위였어요. 금세 뽑아내버릴 수 있는 여린 싹을 거대한 덩굴로 키워버리는 것처럼요.

"그르니께 나는 그냥 뽑아야지. 노상 뽑아야지, 뽑아 없애야지" 하시던 어르신의 말씀을 마지막 편지에 담아 보내고 싶었어요. 그리고다의 텃밭을 돌보는 농부 윤수에게 필요한 말이면서 여차하면 일상을 삼켜버리는 불안을 매일 똑바로 마주해야 하는 독립자 윤수에게도 필요한 말 같아서요.

작가님, 우리 이 말을 외며 텃밭의 잡초도 마음 밭의 불안도 잘 뽑아가며 건강히 지내기로 해요. 불안이 없는 삶이란 불가능하다지만 '불안 재벌'만큼은 되지 않기로 해요, 혹시, 아주 혹시라도 그런 기운이 스멀스멀 올라올 때는 지체 없이 콜 미 오얼 텍스트 미!

김미리

작가님께 여름, 가을, 겨울, 봄을 지나 다시 여름이 올 때까지 편지를 주고받자고 말할 땐 계절이 이렇게 빨리 지나갈 줄 몰랐어요. 매달 저희 사이를 오가는 편지들이 이렇게 든든할 줄도, 우리가 이렇게 자주 만나게 될 줄도, 그래서 이렇게 가까워질 줄도 알지 못했어요. 지난 일 년간 같은 윤수라는 고유한 존재와 나란히 계절을 지날 수 있어 기뻤습니다. 작가님이 없었다면 하지 못했을 생각, 쓰지 못했을 글, 듣지 못했을 이야기들이 계절이 지나간 자리마다 쌓였어요.

한 시절의 윤수를 담뿍 나누어주셔서 고맙습니다. 앞으로 더 많은 계절들을 함께 할 수 있기를, 더 많은 시절의 윤수를 알아갈 수 있기를 바라요.

6월
윤수의 계절 친구 미리로부터

추신. 싱거운 사람이라(고 주장하)는 작가님과 달리 저는 매사에 짜디짠 사람이에요. 싱거운 사람과 짠 사람. 합치면 간간한 사람들이 될 텐데 꽤 괜찮은 조합 아닌가요?

'미리와 귀찮'이
엮는 매듭

오전 8시 즈음, 핸드폰으로 시계를 확인하고는 '좀 더 누워 있을까' 하고 생각합니다. 차라리 눈이라도 더 붙이면 좋을 텐데 그대로 다시 자려다 이부자리 옆을 더듬어 핸드폰을 찾아요. 잠을 깨야 한단 핑계로 화면 너머의 세상으로 들어가버립니다. 20분 정도 낭비를 하고 나서야 하루가 시작되는 게 며칠 전까지의 일상이었어요. 편지를 부칠 날이 가까워 오자 작가님의 아침이 자주 떠오르더라고요. 눈을 뜨면 시계를 확인하고는 종종걸음으로 걸어가 차를 한잔 내려 마시고, 익숙한 듯 노트를 펼쳐 모닝 페이지를 적던 모습이요. 작가님이 말했던 여러 면면 중 하나였습니다. 경솔했던 언행을 잊어달라고 하셨지만 저에겐 배우고 따라 하고 싶은 기억밖에 없어요. 덕분에 한동안 열심히 하다 만 모닝 페이지도 다시 시작했습니다. 정확히 쓰자면 '미니 모닝 페이지' 혹은 '미니 애프터눈 페이지' 어쩔 땐 '미니 이브닝 페이지'로 써야 하겠지만요.

어느덧 마지막 편지네요. 지난 일 년간 편지를 주고받으며 제게 일어난 작고 큰 삶의 변화들을 다 이야기한 것 같은데 아직 말하지 않은 중요한 변화가 있더라고요. 바로 텃밭 마감입니다. 몇 달 전부터 편지를 쓰려고 앉아 있으면 꼭 텃밭에 가야겠다는 생각이 들더라고요. 방임형 텃밭 농부지만 편지에 지난 한 달 사이 어떤 꽃이 피었고, 어떤 작물이 잘 자라고, 어떤 작물이 비실대고 있는지 쓰려면 한 번이라도 제대로 시간을 내서 텃밭을 관찰해야 하거든요. 자연스레 누런 잎과 곁가지를 잘라 주게 되고 잡초도 뽑기 시작합니다.

  6월 말 그리고다의 텃밭엔 벌써 굵은 가지가 열렸어요. 적상추는 간간이 잎을 내며 슬슬 추대 세울 준비를 하고 청상추는 아직도 푸른 잎을 촘촘히 내어주고 있습니다. 케일 잎은 애벌레의 공격을 받아 가면서도 손바닥 두 개를 합친 것보다 커졌고요. 노각과 백다다기의 노란 꽃도 자잘하게 피었는데 노각은 아직 꽃만 피고 열매는 달지 못했어요. 이유를 검색해보다가 오이도 가지치기를 해야 한다는 걸 오늘에서야 깨닫고 정리해주었습니다. 청양고추는 필요할 때마다 두어 개씩 따 먹을 수 있을 정도가 되었고 파프리카는 이제야 초록 열매를 냈지만, 고추 속 작물을 좋아하는 진딧물이 잎 뒷면에 달라붙어 쪽쪽 빨아들이는 탓에 쪼그라든 이파리가 드문드문 보여요. 이럴 때 저는 물 호스의 수압을 조금 세게 틀어 작물을 사정 없이 흔들어줍니다. 마치 태풍이 온 것처럼 온 사방으로 팡팡 흔들고 나면 대부분의 진딧물이 떨어지고 깨끗한 잎만 남아요. 일종의 방제 작업이죠. 텃밭이 작으니까 이런 태풍권법이 먹히는 것 같아요.

  요즘 저의 애를 태우는 것은 방울토마토입니다. 초록색

방울이 탐스럽게 달리긴 했는데 아직 제 색을 띠려면 한참 남았거든요. 이야기했던가요? 과일과 야채 통틀어 제일 좋아하는 작물이 방울토마토라고(토마토도 좋아하지만 토마토는 키우다가 병들기가 쉬워서 방울토마토를 더 좋아해요). 살뜰한 보살핌 없이도 쑥쑥 크는 수더분함이 좋고 한여름부터 끝없이 내어주는 풍성함이 좋아요. 몇 개 없을 때도 서너 개만 얇게 썰어 얹으면 심심했던 초록빛 샐러드가 화사해져서 좋고요. 올리브유에 구워 먹어도 맛있고, 살짝 데쳐 껍질을 깐 후 마리네이드로 만들어 심심할 때마다 하나씩 먹으면 요즘처럼 더울 때 입맛도 살려주죠. 많을 땐 토마토소스로 만들어 먹거나 다른 야채들과 볶아 카레로 만들어 먹어도 맛있고요. 그중 최고는 역시 샐러드에 얹어 먹는 토마토일 거예요. 어떤 샐러드 재료와도 잘 어울리는 아삭하고 짭쪼롬한 맛.

아무리 생각해도 토마토는 너무 멋진 작물이에요. 〈멋쟁이 토마토〉 노래를 지은 분은 이런 토마토의 멋짐을 간파한 분인 게 틀림없어요. 이렇게 방울토마토에 진심인 제가 지난 겨울과 봄까지 시장에서 600그램 당 8, 9천 원을 주고 눈물을 머금으며 사 먹다가, 자급자족 토마토 라이프를 목전에 두고 있으니 얼마나 애가 타고 설레겠어요. 요즘은 아침에 일어나면 선크림도 안 바르고 밤사이 방울토마토가 얼마나 익었나 확인하러 간답니다.

저는 방울토마토를 톱니 과도로 얇게 써는 것을 아주 좋아해요. 식칼로 자르기엔 크기가 작아 가로로 숭덩숭덩 자를 수 밖에 없지만, 톱니 과도로 자르면 꼭지 부분을 아래쪽으로 두고 세로로 얇게 썰 수 있거든요. 꽃잎 모양으로 잘린 토마토 단면은 훨씬 예쁘고 맛있게 느껴져요. 작가님도 다음에 그렇게 잘라 드셔보세요.

어제는 "저는 땡볕에 일하는 거 좋아해요"라던 작가님의 말을 떠올리며 오후 4시부터 전지가위와 호미를 들고 텃밭으로 향했습니다. 생애 최초로 혼자 한 일이었어요. 잡초 뽑기는 언제나 동생 또는 엄마, 할머니 아니면 친구라도 있어야만 큰맘 먹고 하는 일이었는데, 편지를 주고받으며 어느덧 잡초 뽑기에 진심이 된 저는 작가님이 그런 것처럼 챙이 큰 모자를 쓰고, 린넨 소재의 긴 상의와 하의를 입고, 모기 기피제를 칙칙 뿌린 뒤 조금 결연한 마음으로 텃밭으로 갔습니다.

마침내 선물해주신 제초 호미가 제 빛을 발휘했어요. 솔직히 두 달 전에 잡초를 뽑을 땐 뿌리가 크지 않고 땅도 고슬고슬해서 어떤 호미로도 힘이 들지 않았는데, 그 새 단단해진 흙 아래로 촘촘하게 자란 뿌리를 뽑는 데엔 일반 호미보다 제초 호미가 제격이었어요. 너무 여린 싹은 조금 큰 뒤에 뽑아야 뿌리까지 끊기지 않고 깔끔하게 뽑힌다는 작가님의 잡초철학에 공감하며 포크처럼 여러 갈래로 난 작은 괭이 호미로 촘촘한 뿌리까지 쑥쑥 캐냈습니다. 제초 호미가 아니었다면 일반 호미로 그 깊은 뿌리까지의 흙을 모두 파냈어야 했을 거예요.

정리한 잡초 중엔 환장이도 있었어요. 환장이라니, 정말 환삼덩굴에 딱 맞는 네이밍입니다. 저도 환장이 때문에 환장했거든요. 금산의 어르신이 일러주신 대로 호미로 드득드득 긁어서 뽑히면 좋겠지만 문제는 환삼덩굴이 내려온 그 텃밭에 오래전 할머니가 심어두신 더덕이 있었단 거예요. 이 더덕 역시 덩굴이고요(암담한 미래가 보이시나요?). 맞아요. 더덕과 환삼, 두 덩굴이 엉켜 환장할 콜라보를 이루고 있었습니다. 다행히 환삼덩굴이 담벼락 너머에 뿌리를 내리고 슬금슬금 넘어온 덩굴이라 더덕 잎을 일부 잃고 걷어냈습니다. "그래도 더덕은 뿌리가 있으니 또 자라겠지" 하면서요. 싹 걷어냈지만 환삼덩굴 뿌리를 뽑지 못했으니 앞으로도 슬금슬금 담벼락을 넘어올 거예요. 그럼 또 걷어내고 뽑으려고요. 넘어온 덩굴이 온 밭을 뒤덮지 않게.

이 편지를 쓰면서 찾아보니 창작자가 되겠단 생각으로 캐릭터를 만들고, 네이버 포스트에 첫 게시물을 올린 게 2015년 8월 30일이더라고요. 어느덧 10년 차입니다. 그전까지만 해도 빨리 10년을 넘겨서 "이 힘든 콘텐츠 업계에서 10년을 버텼다"라고 떵떵거리고 싶었는데 막상 10년 차가 되니 어쩐지 주눅이 들어요. 10년이나 했는데 여전히 막막하고 불안하다고 생각하면 연차 자랑할 일이 아닌 것 같아서요. 오히려 어디 가서 연차 말하기가 부끄럽습니다. 허탈하고 허무하기도 하고요.

가진 걸 탈탈 털어 뭐든 닥치는 대로 한 것 같은데 기대한 결론에 닿지 않아 허망했달까요. 그나마 지난 10년은 가진 걸 털어 쓰기라도 했지 앞으로는 뭘 털어 쓰나 싶어 벌써 질리더라고요. '안식년을 가질까?' '어디로 길게 여행을 다녀올까?' 극단적으로는 '회사를 다닐까?' 하는 생각도 들었어요.

작가님 편지를 읽다보니 그런다고 해결될 일도 아니더라고요. 창작하는 일이 특별한 환경에 있을 때만 하는 일이 아니니까요. 내가 가진 걸 달리 보는 시선. 내 주변의 것을 기특하고 감사하게 여기는 마음. 이 두 가지 재료로 하는 일이죠. 오래전부터 알고 있던 사실인데도 자꾸 잊고 불안해합니다.

감사하게도 앞으로는 그럴 때마다 들춰 볼 근사한 편지가 있습니다. 편지를 읽고 또 읽으며 떠올리려고요. 지금 이 순간에도 내 주변에 얼마나 귀한 일들이 일어나고 있는지를.

텃밭을 마감하고 단정해진 텃밭을 보니 올해는 예전처

럼 잡초를 뽑지 못한 부채감에 막막하진 않을 것 같았어요. 야무지게 정리하진 못했어도 이렇게 한번 해놓고 나면 한동안 또 얼마나 보기 좋고, 관리하기도 쉽겠어요. 날씨와 기후가 도와준다면 실한 열매도 주렁주렁 달릴 거예요.

밭을 매고 작물을 보살피며 단단한 믿음이 생긴 것 같아요. 오늘 한 만큼 내일 티가 날 거란 믿음이요. 딱 가꾼 만큼 정직하게 태가 나는 텃밭처럼, 내일은 내가 가꾼 오늘 하루에 달렸단 것. 그걸 생각하면 밭일이든 쓰고 그리는 일이든 뭐든 성실한 하루를 보내고 싶어져요.
어쩌면 우리가 사계절을 나며 부지런히 주고받은 스물네 번의 글은 훗날 우리 스스로에게 부치는 편지 아니었을까요? 당장 눈앞의 결과나 이익으로 돌아오지 않더라도 결국 미래의 어느 시점에 어떤 형태로든 만나게 될 테니까요. 그럴 수 있어서 얼마나 행운이었나 생각합니다. 이토록 수동적인 인간이 편지 덕분에 책임감을 갖고 부지런히 글을 쓰며 미래로 편지를 부칠 수 있었으니까요.

언제부턴가 산책하면서 작가님께 말을 건네는 버릇이 생겼어요. 노을을 보며 '어느덧 해가 8시에 지는 계절이네요'라고 속으로 말하는 거죠. 당장 돌아오는 답이 없어도 계속 말을 건넨 건 저기 금산에 이 풍경에 공감할 다정한 수신인이 있었기 때문이에요. 산책길에 건넨 말을 모아 편지를 쓰고, 설레는 마음으로 답신을 받고. 그렇게 혼자일 때도 함께 거닌 일 년이었습니다.

오늘 시내에 나갔다 그리고다로 돌아오는데 라디오에서 윤상의 〈달리기〉가 흘러나왔어요.

"단 한 가지 약속은 틀림없이 끝이 있다는 것. 끝난 뒤엔 지겨울 만큼 오랫동안 쉴 수 있다는 것."

어느덧 틀림없는 끝이 왔습니다. 이 편지를 부치고 나면 지겨울 만큼 오랫동안 쉴 수 있을 거예요. 저는 왜 지겨울 만큼 오랫동안 쉬기가 싫고 그저 아쉬울까요. 끝이라는 후련함도 있지만 다음 편지가 안 온다고 생각하니 서운하기도 합니다.

저는 이 프로젝트가 '미리와 귀찮'이 엮는 매듭이란 생각을 자주 했는데요, 작가님이 먼저 한쪽 줄을 잡아 매어준 덕분에 쉽게 다음 줄을 맬 수 있었어요. 정말 쓰기 싫고 힘들었던 날도 부지기수였지만, '작가님의 편지를 읽고 그에 대한 답을 충실히 쓰자'라는 생각으로 쓸 수 있었어요.

그렇게 시작한 매듭을 이제 마무리 지어요. 작가님, 이 프로젝트를 끌고 오시느라 정말 수고 많으셨어요. 부지런히 자연을 발견하는 작가님과 가까이한 덕분에 저도 제 주변의 좋은 것들을 발견하고 쓰는 사람이 될 수 있었어요. 편지는 여기서 끝나지만 계절을 떠올릴 때마다 또 불안해질 때마다 작가님의 지난 편지가 곧 잘 떠오를 거예요. 작가님에게도 문경의 어느 작은 마을 이야기가 마음의 안식처가 되길 바라요. 날씨 핑계로 자주 안부할게요.

6월
언제나 수풀집과 금산의 어르신들, 소망이,
그리고 미리 작가님이 안녕하길 바라는
미리의 계절 친구, 윤수로부터

에필로그

(김미리)

편지 쓰는 마음으로

 마지막 편지를 쓰면서 긴 여행의 마지막 날 같다는 생각을 했었습니다. 마지막 답장을 받고 나서도 마찬가지였어요. 항상 같은 자리에서 편지를 보내고 받았을 뿐인데, 어째서 아주 멀리 다녀온 것 같은 기분이 드는지 알 수 없었어요. 몇 개의 계절이 더 지나간 지금, 편지가 오가지 않는 일상이 다시금 익숙해진 지금에야 그 마음의 정체를 알게 되었어요. 이 프로젝트가 진행되는 동안 귀찮 작가와 저는 일상을 열어서 상대방을 초대하고 또 초대받는 일종의 여행을 했던 것 같습니다.

여행 기간 : 2023년 6월 ~ 2024년 6월

여행 국가 : 미리국 in 금산 ↔ 귀찮국 in 문경

여행 코스 : 시골집(주로 화장실), 텃밭(주로 잡초지역), 이웃집(주로 할머니댁) 등등

저는 이 여정을 함께하면서 재밌거나 인상 깊은 일이 생기면 메모하는 습관이 생겼습니다. 다음 편지에 가능하면 자세하고 입체적으로 담아 보내고 싶어서요. 편지를 주고받으며 부쩍 친해진 바람에 편지보다 카톡으로 더 자주 소식을 나누었는데요. 그러면서도 경계를 늦추지 않았답니다. 진짜 재밌는 부분은 결코 말하지 않기 위해서요. 이건 비밀로 했다가 나중에, 나중에 편지로 써야지 생각하며 말을 아끼곤 했습니다(쓰고 보니 꽤나 음흉한 사람 같네요).

편지가 오가는 지난 일 년간, 저는 일상을 헐지 않은 새 마음으로 바라보게 됐습니다. 맑고 밝은 눈으로 계절을 맞이하고 보내주게도 되었어요. 때로는 잘 모르는 세계에 도착한 여행자의 시선으로, 때로는 익숙한 세계를 안내하는 가이드의 시선으로 말이죠.

에필로그를 쓰고 있자니 여행 같았던 이 프로젝트가 정

말 끝난다는 실감이 나네요. 또 이렇게 마음을 담은 긴 편지를 보내고 받을 일이 있을까 싶습니다. 아마 없을 거예요. 다만 편지 쓰는 마음으로 매일을 살고 싶어집니다. 고심해서 제목을 붙이고 정성스레 한 줄 한 줄 쓰는 마음으로요.

책이 된 이 편지들의 마지막 수신인이 되어주신 독자님께 감사합니다. 이 책이 독자님께도 안온한 여행이 되기를 바라는 마음을 함께 보냅니다.

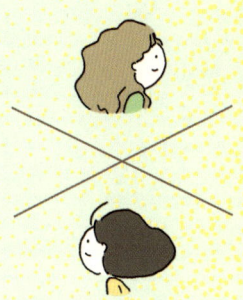

우리는 나란히 계절을 쓰고

초판 1쇄 인쇄일 2025년 4월 8일
초판 1쇄 발행일 2025년 4월 22일

지은이 김미리, 귀찮
펴낸이 김석원
펴낸곳 도서출판 밝은세상

출판등록 1990. 10. 5. (제10-427호)
주소 (10881) 경기도 파주시 문발로 119, 202호
전화 031-955-8101
팩스 031-955-8110
메일 wsesang@hanmail.net
인스타그램 @wsesang

ISBN 978-89-8437-500-0 (03810)

값 20,000원

ⓒ 김미리, 귀찮 2025

- 이 책은 저작권법에 의해 보호를 받는 저작물이므로 무단 전재 및 복제를 금합니다.
- 잘못된 책은 구입한 곳에서 교환해드립니다.